서강
한국어

서강한국어 뉴시리즈
Student's Book 1B

저작권

© 2012 서강대학교 한국어교육원

이 책의 저작권은 서강대학교 한국어교육원에 있습니다. 서면에 의한 저자의 허락 없이 내용의 일부를 인용하거나 발췌하는 것을 금합니다.

Copyright © 2012

Korean Language Education Center, Sogang University. All rights reserved.
No part of this publication may be reproduced, stored in a retrieval system or transmitted in any form or by any means, electronic, mechanical, including photocopying, recording without the prior written permission of the copyright owner.

출판사

1판 6쇄	2012년 8월 24일
펴낸곳	서강대학교 국제문화교육원 출판부
펴낸이	이종욱
등록번호	313-2006-00028
출판사 주소	서울시 마포구 백범로 35 (신수동)
Tel	(82-2) 705-8088~9
Fax	(82-2) 701-6692, 713-8963
e-mail	ckss@sogang.ac.kr

 K.L.E.C
homepage http://klec.sogang.ac.kr

 S.K.I.P
http://koreanimmersion.org

서강한국어 교사 사이트

http://koreanteacher.org

Sogang Korean Teachers

세트

ISBN	978-89-7699-577-3	서강한국어 뉴시리즈 학생책 1B
	978-89-7699-579-7	서강한국어 뉴시리즈 학생책 1B 영어 문법·단어 참고서 (비매품)
	978-89-7699-621-3	서강한국어 뉴시리즈 학생책 1B 일본어 문법·단어 참고서
	978-89-7699-623-7	서강한국어 뉴시리즈 학생책 1B 중국어 문법·단어 참고서
	978-89-7699-580-3	서강한국어 뉴시리즈 학생책 1B CD (비매품)
ISBN	978-89-7699-578-0	서강한국어 뉴시리즈 워크북 1B
	978-89-7699-583-4	서강한국어 뉴시리즈 워크북 1B CD (비매품)

판매·유통

판매·유통	(주)도서출판 하우
등록번호	제306-2004-22호
주소	서울시 중랑구 망우로 68길 48
Tel	(82-2) 922-7090, 922-9728 Fax (82-2) 922-7092
homepage	http://hawoo.co.kr

Series Editor
Kim Song-hee

Authors

Sogang Korean 1B (2000)

Choe Jeong-soon	(Ph.D. in Korean Linguistics, Sogang University)	Professor, Paichai University
Kim Song-hee	(A.B.D. in French Linguistics, Sogang University)	Program Director, KLEC, Sogang University
Kim Ji-eun	(Ph.D. Candidate in English Linguistics, Sogang University)	Researcher, KLEC, Sogang University
Kim Hyun-jung	(Ph.D. in French Literature, Ewha Womans University)	Program Coordinator, KLEC, Sogang University

Sogang Korean New Series 1B (2008)

Kim Hyun-jung	(Ph.D. in French Literature, Ewha Womans University)	Program Coordinator, KLEC, Sogang University
Kim Jeong-a	(M.A. in Russian Linguistics, Chung-Ang University)	Researcher, KLEC, Sogang University
Kim Bo-kyung	(A.B.D. in Korean Studies, Sangmyung University)	Researcher, KLEC, Sogang University

English Translation

Ju You-kyung	(M.Sc. in Applied Linguistics, University of Edinburgh)	Researcher, KLEC, Sogang University
Patricia L. Mitchell	(B.Sc. in Computer Science and Astronomy, University of Toronto)	Researcher, FLEC, Sogang University

English Proofreading

Hur Goo-saing	(Ph.D. in History, University of Minnesota)	Managing Director, Institute for International Culture & Education, Sogang University
Yoo Isaiah Won-ho	(Ph.D. in Applied Linguistics, UCLA)	Professor, Department of English literature and Linguistics, Sogang University

Staff

Book Design	designTANK (Tel : 02-3442-0422)
Illustration	Kim Soyeon, Jang Seonmi, Choe Ikgyeon, Min Jiyeong, Jeong Seongyeong
Photography	Studio Ru
Cover Design	Design SEED
CD Recording	Playback

We would like to thank the following people for their valuable assistance: the teachers, assistants, and students of KLEC, our families and friends, Spring·Summer·Fall·Winter, Choe Yeonjae, Oh Kyoungsook, David Carruth, Anders McCarthy, the Sogang University Planning Affairs Budget Team, the Sogang University General Affairs Acquisitions Team, and the Sogang University Institute for International Culture and Education Administrative Team.

We would also like to express our sincere and heartfelt gratitude to the previous director, Cho Jang-ok, and to the current director, Hur Goo-saing for their encouragement to publish these new series textbooks.

일러두기
Culture - Context - Communication

서강한국어 프로그램

서강대학교 한국어교육원은 1990년에 개원하였으며, 1992년부터 의사소통 교수법을 한국어 수업에 적용하여 말하기 중심 한국어 교육과정을 개발하였습니다.
학습 내용이 학생과 관련된 것이고 그 맥락 안에서 제시되기에 학습이 쉽고 재미있습니다. 학생들은 첫날 첫 시간부터 한국어로 대화하고 한국어로 생각하면서 학습의 즐거움, 성취감을 경험합니다. 따라서 학생들은 실제성 있는 내용을 체계적으로 배우면서 한국 사회에서 자유롭게 생활할 수 있는 실력을 단기간에 갖추게 됩니다. 언어와 문화를 함께 배우는 수업은 늘 흥미롭습니다.

Sogang Korean Language Program

Sogang Korean Language Education Center (henceforth Sogang KLEC) was founded in 1990 and has developed a Korean Language Education Curriculum that focuses on speaking by applying a communicative approach to the classroom setting since 1992.
From the first day of class students at Sogang KLEC experience a sense of achievement by learning how to communicate and think in Korean. Materials are presented in context, and the topics covered are relevant to students' life. Through a practical curriculum, students can systematically develop communicative competence in a short period of time by engaging in real-life activities. They participate in classroom activities and help each other to meet their educational goals.

서강한국어 New 시리즈 교재

2000년에 서강한국어 초판이 나온 후 많은 사랑을 받았습니다. 이번에 새롭게 출간되는 뉴시리즈는 그동안 서강한국어를 아껴 주신 여러분들의 조언을 받아들여 수정 보완한 개정판입니다.
**새로 문법 교재를 추가하였고, 현재 사회 문화에 맞지 않는 내용을 교체하였습니다.
또한 학습 내용을 효과적으로 전달할 수 있도록 그림과 사진, 디자인을 최신화했습니다.**

그 외에도 서강한국어 과정에서 사용하는 다양한 부교재, 평가지, 교수 전략을 여러 한국어 선생님들과 공유하기 위하여 교재 세트 및 시리즈 제작을 계속할 것이며 인터넷 네트워크를 구축할 계획도 갖고 있습니다.

Sogang Korean New Series Textbooks

The first version of Sogang Korean series was printed in 2000. The new series has been revised based on suggestions made by professional Korean language teachers.
The new series has been enriched with new photos, illustrations and a new design to convey information more effectively. A new grammar portion has been added, and the contents have been updated to better fit the trends in today's Korean society and to emphasize cultural aspects.
KLEC will continue to publish components and series and plans to establish an internet network in order to share the teaching strategies and various materials with Korean language teachers all around the world.

서강한국어 교재 학생책

서강한국어 교재는 다년간의 연구 개발을 거쳐 개발한 서강한국어 프로그램의 교수 내용과 방법을 반영한 교재입니다.
문법, 대화, 과제, 읽기, 듣기, 쓰기, 어휘, 발음, 억양, 문화 학습 자료를 수록하고 있습니다. 교재에 수업 구조를 반영하였기에 수업 단계 및 교수 학습 방법을 쉽게 이해할 수 있습니다.
단원 표지에 학습 목표를 제시하여 학습 목표를 명확히 알 수 있도록 했고, 단원 끝에 단원 정리를 제시하여 학생 스스로 학습 내용을 확인할 수 있도록 했습니다.

Sogang Korean Student's Book

The Sogang Korean Textbooks were written with a teaching philosophy that was developed over an extensive period of time in Sogang KLEC.
The textbooks are easy to comprehend and beneficial to teachers as well as learners because they reflect the class structure.
The textbooks include Grammar, Dialogues, Tasks, Reading, Listening, Writing, Vocabulary, Pronunciation, Intonation, and Culture.
The objectives of each unit are listed at the beginning and at the end to emphasize the goal of each unit.

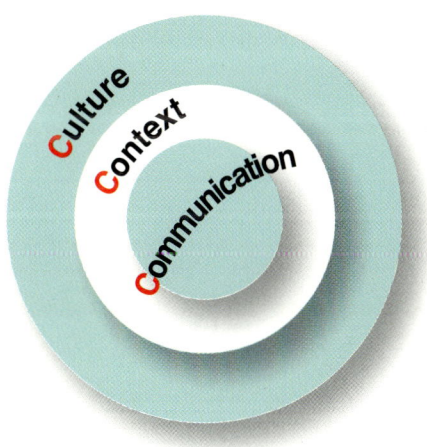

서강한국어 1B 대상과 학습 시간

서강한국어 1B는 서강한국어 1A를 학습한 학생 또는 75~100시간 정도의 한국어 수업을 마친 학생을 위한 교재입니다. 그리고 한 과는 6~8시간, 총 75~100시간에 걸쳐 이용할 수 있도록 구성되어 있습니다.

Learning hours for 1B

1B is for Korean language students who have studied <Sogang Korean 1A> or 75-100 hours of Korean.

1B 구성

학생책	교실 수업용 교재입니다. 각 과는 '단원 표지, 문법, 대화, 과제(Task), 읽고 말하기, 듣고 말하기, 단원 정리' 순서로 구성되어 있습니다. 문화, 어휘, 발음·억양, 쓰기 학습 자료도 수록하고 있습니다.

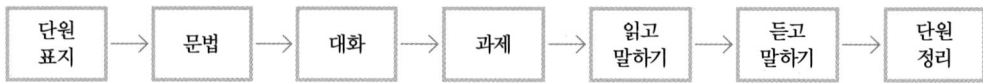

학생책 CD	말하기 대화, 듣기 대화, 발음·억양 연습, 정확히 듣기 연습, 읽기 본문 녹음 자료를 수록하고 있습니다.
문법 단어 참고서	학생이 수업을 예습하거나 복습할 때 참고하는 책입니다. 문법 설명, 새 단어·표현 번역과 인덱스를 담고 있습니다.
워크북	수업 내용을 집에서 복습할 때 이용하는 연습책입니다. 개인 학습 시간이 지루하지 않도록 매 단원 끝에 **한국 문화 소개** 또는 **게임** 자료를 수록하였습니다.
워크북 CD	듣고 따라하기, 받아쓰기 연습용 녹음 자료를 담고 있습니다.

1B Components

Student's Book	It is designed to be used in the classroom. Each unit includes an introduction, a grammar focus, sample dialogues, a reading and speaking task, a listening and speaking task, group activities and a summary.
Student's Book CD	Speaking, listening, reading, pronunciation and intonation exercises have been recorded on the CD. Listening passages are recorded in both slow and normal speeds.
Grammar and Vocabulary Supplementary Book	
	This booklet is helpful for students to preview and review lessons. It includes grammar explanations, new vocabulary, and an index.
Workbook	Students use this book to review lessons at home. There are games or culture capsules at the end of each unit.
Workbook CD	Practice materials for listening comprehension and dictation can be found on the Workbook CD.

목차
Contents

1과	내일 여행 갈 거예요	16
2과	이 옷을 입어 보세요	34
3과	요즘 어떻게 지내세요?	52
4과	수영할 줄 알아요	68
5과	같이 영화 볼까요?	86
6과	아파서 못 갔어요	104
7과	한국 음식을 먹어 봤어요	122
8과	말하기 수업이 제일 재미있었어요	138
Appendices	부록	154

과	TITLE 제목	SPEAKING 말하기		
		GRAMMAR 문법	DIALOGUES 대화	TASK 과제
1	내일 여행 갈 거예요	-을 거예요① -을 수 있어요/없어요 형용사 *p18*	같이 갈 수 있어요? 날씨가 좋아요 여행 갈 거예요 *p22*	방학이에요! *p25*
2	이 옷을 입어 보세요	-은 -지 않아요 -아/어 보세요 *p36*	맛있는 사과예요 전자사전 좀 보여 주세요 크지 않아요 *p39*	쇼핑하러 가요 *p42*
3	요즘 어떻게 지내세요?	-으세요② -으셨어요 *p54*	어디 아프세요? 머리가 아파요 언제 한국에 오셨어요? *p56*	보통 주말에 뭐 하세요? *p59*
4	수영할 줄 알아요	-을 줄 알아요/몰라요 운동과 악기 -아/어야 해요 -거나 *p70*	운동을 하거나 음악을 들어요 테니스 칠 줄 알아요 오늘도 일해야 해요 *p74*	어떻게 해야 해요? *p77*
5	같이 영화 볼까요?	-을까요?① -하고 -고 *p88*	영화 보러 갈까요? 영화 보고 저녁 먹어요 미나 씨하고 영화 보고 싶어요 *p92*	이번 주말에 우리 같이…… *p95*
6	아파서 못 갔어요	못 -아/어서 -으려고 해요 *p106*	친구를 못 만났어요 운동을 하려고 해요 시간이 없어서 못 만들었어요 *p109*	연극을 해 보세요 *p112*
7	한국 음식을 먹어 봤어요	-아/어 봤어요 -아/어 주세요 *p124*	이메일을 좀 써 주세요 김치찌개가 맛있어요 갈비 먹어 봤어요? *p126*	어디에 가 봤어요? *p129*
8	말하기 수업이 제일 재미있었어요	-보다 (더) 제일 *p140*	거기 하숙집이지요? 제일 조용한 방이에요 방학 잘 보내세요 *p142*	하숙집을 찾아요 *p145*

READING & SPEAKING 읽고 말하기	LISTENING & SPEAKING 듣고 말하기	VOCABULARY & EXPRESSIONS 단어·표현 정리
p26 보고 싶은 어머니께	p30 유럽에 여행 갈 거예요	p33 형용사
p43 와! 아름다운 여자예요	p48 모자 좀 보여 주세요	p51 과일 옷/소품 쇼핑
p60 아버지는 책을 읽으세요	p64 지난주에 왜 학교에 안 오셨어요?	p67 몸 건강 존댓말
p78 영어를 아주 잘합니다	p82 요즘 테니스를 배워요	p85 운동
p96 친구들하고 하늘 공원에 갔습니다	p100 이번 휴가 때 같이 갈까요?	p103 여가 활동
p114 저도 축구 경기를 보려고 해요	p118 길이 너무 막혀서 늦었어요	p121 이유
p130 수업 후에 불고기를 만들었습니다	p134 비빔밥 하나만 갖다 주세요	p137 음식 재료 요리 방법 맛
p146 이제 한국말로 이야기할 수 있어요	p150 월요일에 공항에서 만나요	p153 집

Introduction

Lesson Objectives
Lesson goals and themes are presented.

Introductory Illustration
The introductory illustration helps to make the lesson objectives clear by providing a visual representation of the situation.

Speaking - Grammar

Focus
The lesson objectives are shown in context through dialogue and pictures.

The unit's grammar focus is further explained on this page of the supplementary book.

Practice
The student focuses on the lesson's grammar through guided conversation.

Activity
The activity portion of the unit gives more opportunities for practice so that the student may become more fluent with the target grammar.

Speaking Dialogues

Student's Book CD track number

Let's Talk
1) Warm-up : The warm-up introduces the dialogue.

2) Illustration : A visual representation of the situation in which the target expressions are used.

3) Sample dialogue : The lesson objectives are shown in an authentic dialogue.

Proper nouns are shown in a different font.

4) Practice in context : Students are given further practice with the sample dialogue using substitution words.

Let's Try
Students reinforce what they've learned through authentic conversation.

Task

Title
The task content is summarized in one sentence.

Sample Dialogues
Sample dialogues are provided for students to refer to during the task.

Illustration
The topic is clearly represented through a picture.

Preparation/Activity/Follow-up
Step-by-step instructions are provided to guide the students through the task.

Reading & Speaking

Reading
1) Focus : By answering these questions, students will understand the main point of the text.

Before Reading
The pre-reading gets students familiar with the topic.

2) Illustration : A visual representation is provided to help make the context of the reading clear.

3) Text : To promote reading ability, both dialogues and narratives are used. The vocabulary and grammar for each reading are appropriate for the level.

4) T/F questions : The true/false questions are intended to both aid and ensure comprehension of the reading text.

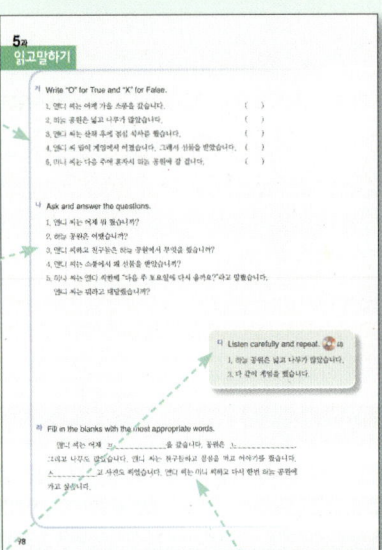

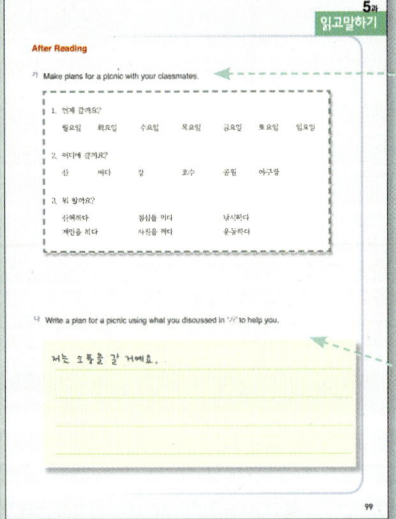

After Reading
1) Activity : Students participate in free conversation related to the content of the reading.

5) Comprehension questions : These questions are intended to further check reading comprehension and to provide students with more speaking practice.

2) Writing : To check understanding, students write a brief summary of their conversation.

6) Accurate speaking : This practice helps students focus on problem areas in their intonation and pronunciation.

7) Wrap-up : This provides a final comprehension check.

Listening & Speaking

3) **Listening**: To promote listening ability, both dialogues and narratives are used. The vocabulary and grammar for each listening are appropriate for the level. Additionally, the listening texts are both diverse and interesting.

Before Listening
The pre-listening gets students familiar with the topic.

5) Comprehension questions: These questions are intended to further check listening comprehension and to provide students with more speaking practice.

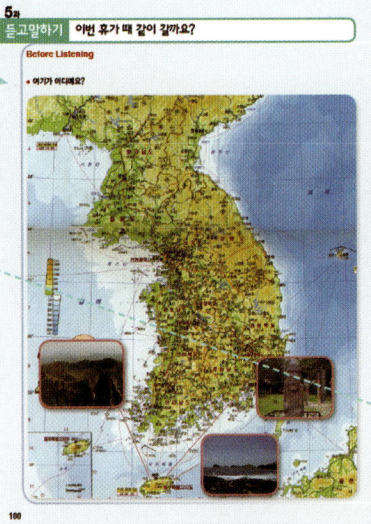

Listening
1) **Focus**: By answering these questions, students will understand the main point of the text.

2) **Illustration**: A visual representation is provided to help make the context of the listening clear.

4) **T/F questions**: The true/false questions are intended to both aid and ensure comprehension of the listening text.

6) Accurate listening: This practice is intended to improve listening accuracy.

7) Accurate speaking: This practice helps students focus on problem areas in their intonation and pronunciation.

8) Wrap-up: This provides a final comprehension check.

After Listening
1) **Activity**: Students participate in free conversation related to the content of the listening.

2) **Writing**: To check understanding, students write a brief summary of their conversation.

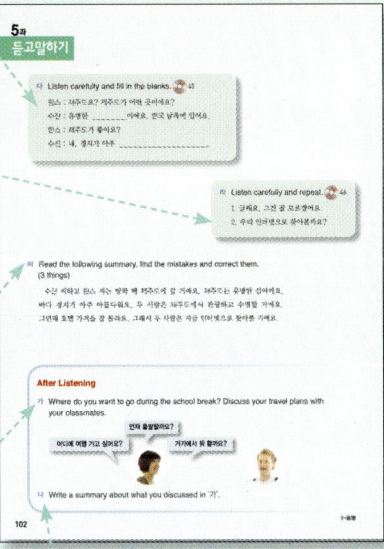

Summary

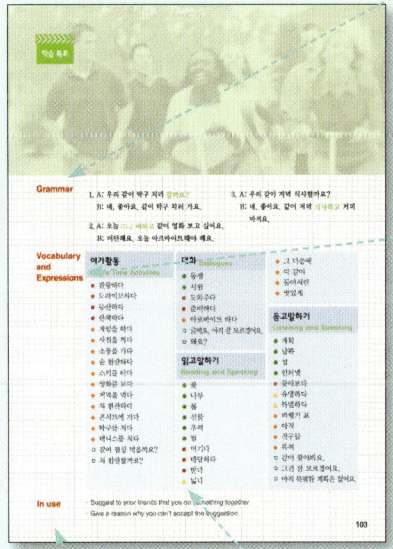

Grammar
A summary of the target grammar is provided for students' review.

Vocabulary and Expressions
This is divided into two parts. The first contains vocabulary and expressions related to the main topic of the unit. The second contains other vocabulary and expressions found in the speaking, reading and listening texts.

In Use
This part contains examples of the language points of the unit as they are used in everyday life.

● Noun
■ Verb
▲ Adjective
□ Expression
◆ Other

1 내일 여행 갈 거예요

학습 목표

말하기	문법 p18	-을 거예요① -을 수 있어요/없어요 형용사
	대화 p22	같이 갈 수 있어요? 날씨가 좋아요 여행 갈 거예요
	과제 p25	방학이에요!
읽고말하기	p26	보고 싶은 어머니께
듣고말하기	p30	유럽에 여행 갈 거예요

1과

말하기 문법1 -을 거예요 ①

Focus

Practice Ask and answer the questions.

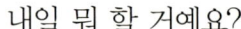

친구를 만나다

등산하다

책을 읽다

사진을 찍다

✿ 친구하고 놀다

✿ 음악을 듣다

Activity Talk with your classmates.

| 오늘 저녁에 뭐 할 거예요? | 이번 주말에 뭐 할 거예요? | 내일 뭐 할 거예요? |

1과 말하기

문법2 -을 수 있어요/없어요

Focus

Practice Ask and answer the questions.

 지금 이야기할 수 있어요?

 네, 이야기할 수 있어요.

1. 지금 이야기하다 (○)
2. 같이 점심을 먹다 (×)
3. 내일 만나다 (○)
4. 케이크를 만들다 (×)

Activity Talk with your classmates.

| 아침에 일찍 일어날 수 있어요? | 지금 노래를 할 수 있어요? | 외국에서 운전할 수 있어요? |

1과 말하기 문법3 형용사 Adjectives

Focus

Practice Ask and answer the questions.

Activity Play a game.

Play a game. Your classmate will choose a card and read the adjective written on it aloud. Listen to the adjective, and then say the opposite. Who knows the most adjectives and their opposites?

● 형용사 Adjectives

좋다	나쁘다
크다	작다
많다	적다
싸다	비싸다
높다	낮다
길다	짧다
빠르다	느리다
덥다	춥다
가깝다	멀다
어렵다	쉽다
맛있다	맛없다
재미있다	재미없다

1과

말하기 대화1: 같이 갈 수 있어요?

Let's Talk

Ask your friend if they can go to a mountain with you.

같이 갈 수 있어요?

○

렌핑: 토요일에 등산하러 갈 거예요. 같이 갈 수 있어요?
이리나: 네, 좋아요. 같이 가요.

✕

렌핑: 토요일에 등산하러 갈 거예요. 같이 갈 수 있어요?
이리나: 미안해요. 토요일 오후에 다른 약속이 있어요.
렌핑: 알겠어요.
이리나: 정말 미안해요.
렌핑: 아니에요.

 Practice the dialogue above replacing 렌핑's and 이리나's lines with the cue words below.

등산하다	다른 약속이 있다
영화를 보다	친구 생일 파티에 가다
바다를 구경하다	출장을 가다
앤디 씨를 만나다	아르바이트하다

Let's Try

What are you going to do this Saturday? Find classmates who can join you.

1과

날씨가 좋아요 대화2 말하기

Let's Talk
Find out what another place is like.

앤디   여기가 어디예요? 정말 멋있어요.

소라   제주도예요. 이번 방학 때 제주도에 여행 갈 거예요.

앤디   제주도요? 거기 날씨가 어때요?

소라   참 좋아요.

앤디   그래요? 저도 제주도에 여행 가고 싶어요.

Practice the dialogue above replacing 앤디's and 소라's lines with the cue words below.

날씨	좋다
바다	깨끗하다
경치	아름답다
음식	맛있다

Let's Try

Talk with your classmates about a place you want to visit.

1과
말하기 대화3   여행 갈 거예요

Let's Talk
Find out what your friend's plans are for the holidays.

휴가 때 뭐 할 거예요?

렌핑   수잔 씨, 휴가가 언제예요?
수잔   이번 주 금요일부터 다음 주 화요일까지예요.
렌핑   휴가 때 뭐 할 거예요?
수잔   부산에 여행 갈 거예요.
렌핑   그래요? 부산에서 뭐 할 거예요?
수잔   사진을 찍을 거예요.

 Practice the dialogue above replacing 수잔's lines with the cue words below.

사진을 찍다	수영하다
드라이브를 하다	등산하다
박물관에 가다	산책하다
낚시하다	스쿠버 다이빙을 하다

Let's Try
Talk with your classmates about travel plans for the holidays.

1과 과제

It's vacation time! 방학이에요!

Preparation:
We will have a one-week vacation from next Monday. What are you planning to do during the vacation? Think about your plans, and take notes.

Activity:
Ask your classmates about their plans for the vacation.

- 제주도에 여행 갈 거예요.
- 수잔 씨, 방학 때 뭐 할 거예요?
- 언제 갈 거예요?
- 화요일에 갈 거예요.

Follow-up:
Who has the most intersting plan? Tell your classmates about it.

1과

읽고말하기: 보고 싶은 어머니께

Before Reading

- 가족이 보고 싶어요. 그럼 어떻게 해요?

26

1과 읽고말하기

Reading

- 완 씨가 누구한테 편지를 썼어요?
  완 씨가 다음 주에 뭐 할 거예요?

보고 싶은 어머니께

어머니, 안녕하세요?
저는 서울에서 잘 지내요. 서울 생활이 아주 재미있어요.
친구들이 많아요. 학교 공부도 재미있어요.
그런데 하숙집이 좀 불편해요.
왜냐하면 하숙집에서 요리할 수 없어요.
그리고 하숙집이 학교에서 너무 멀어요.
그래서 다음 주에 이사할 거예요. 친구 미나 집에서 살 거예요.
미나는 참 좋은 친구예요. 가족도 친절해요.
그리고 미나 집이 학교에서 아주 가까워요.
걸어서 5분쯤 걸려요.
저는 미나 집에서 한국말을 연습할 수 있을 거예요.
그리고 한국 요리도 배울 수 있을 거예요.
빨리 미나 집으로 이사하고 싶어요.
어머니, 정말 보고 싶어요. 이번 학기가 한 달 후에 끝나요.
방학 때 방콕에 돌아갈 거예요.
그때 만나요. 그럼 안녕히 계세요.

5월 16일
완 올림

1과 읽고말하기

가 Write "O" for True and "X" for False.

1. 완 씨는 서울 생활이 재미없어요. (X)
2. 완 씨는 다음 달에 이사할 거예요. (X)
3. 완 씨 하숙집이 학교에서 멀어요. (O)
4. 완 씨는 미나 씨 집에서 한국 요리를 배울 수 있을 거예요. (O)
5. 완 씨는 방학 때 고향에 안 갈 거예요. (X)

나 Ask and answer the questions.

1. 누가 누구한테 편지를 썼어요? 어머니한테 썼어요
2. 완 씨는 다음 주에 뭐 할 거예요? 왜요? 다음 주에 이사할 거예요
3. 학교에서 미나 씨 집까지 시간이 얼마나 걸려요? 5분쯤 걸려요
4. 미나 씨 집에서 살아요. 그럼 뭐가 좋아요?
5. 완 씨는 방학 때 뭐 할 거예요? 반곡 갈 거예요

다 Listen carefully and repeat. 6

1. 저는 미나 집에서 한국말을 연습할 수 있을 거예요.
2. 이번 학기가 한 달 후에 끝나요.

라 Fill in the blanks with the most appropriate words.

완 씨는 다음 주에 이사할 거예요. 친구 미나 씨 집에서 살 거예요. 미나 씨는 참 좋은 친구예요. 미나 씨 _가족_ 도 친절해요. 그리고 미나 씨 집이 학교에서 아주 _가까워요_. 걸어서 5분쯤 걸려요. 완 씨는 미나 씨 집에서 한국 요리를 _배울_ 수 있을 거예요. 그리고 한국말도 _연습할_ 수 있을 거예요.

1과 읽고말하기

After Reading

가 If you were to write a letter, talk with your classmate about who you would write to and what you would write about.

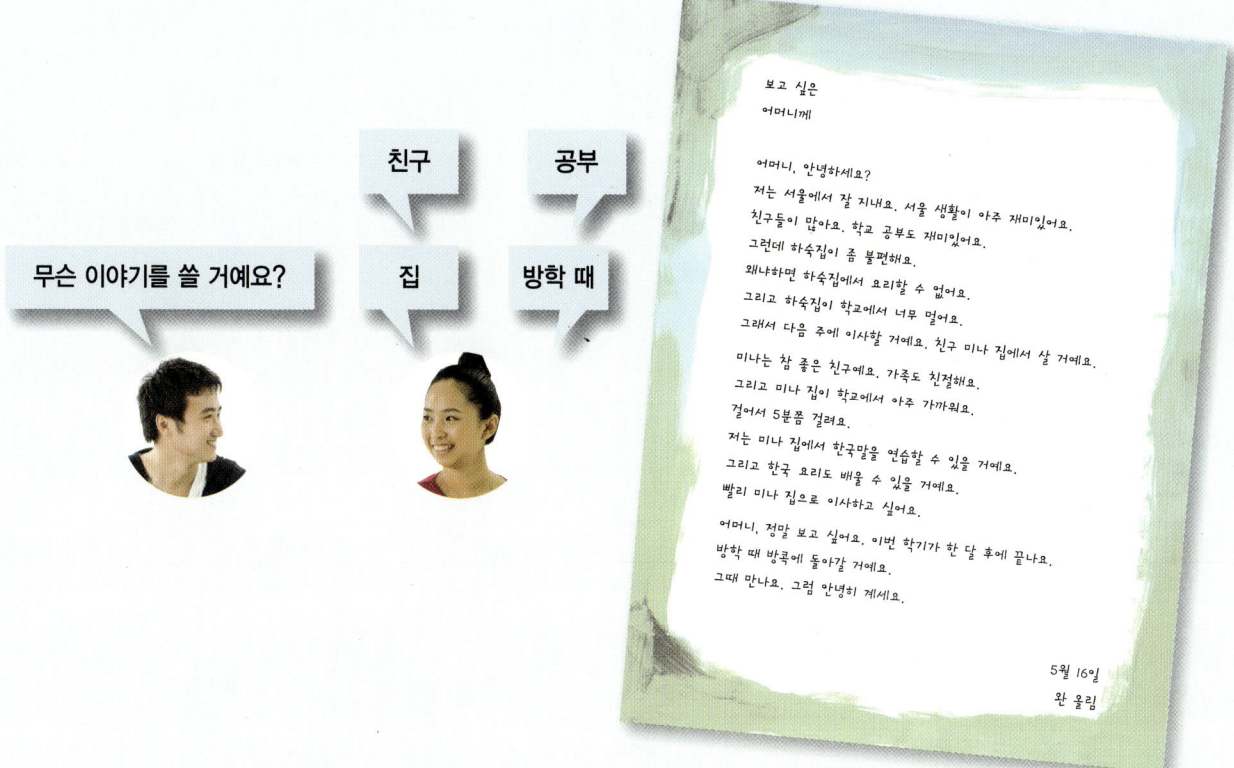

나 Write the letter you talked about in '가'.

보고 싶은 _____

1과

듣고말하기 | 유럽에 여행 갈 거예요

Before Listening

- 방학이 언제예요? 방학 때 뭐 하고 싶어요?

1과 듣고말하기

Listening 7·8

• 미나 씨가 방학 때 어느 나라에 갈 거예요?

가 Write "O" for True and "X" for False.

1. 미나 씨는 프랑스하고 스페인에 여행 갈 거예요.　(X)
2. 미나 씨는 혼자 여행 갈 거예요.　　　　　　　 (   )
3. 미나 씨는 파리에서 호텔에 있을 거예요.　　　 (X)
4. 미나 씨는 파리에서 박물관에 안 갈 거예요.　　(X)
5. 미나 씨는 베네치아에서 배를 탈 거예요.　　　 (   )

나 Ask and answer the questions.

1. 미나 씨는 방학 때 뭐 할 거예요? 유럽에 여행할 거예요
2. 미나 씨는 어느 나라에 갈 거예요? 프랑스과 이탈리아 갈 거예요
3. 미나 씨는 파리에서 어디에 있을 거예요? 친구 집에 있을 거예요
4. 미나 씨는 파리에서 뭐 할 거예요? 박물관에 갈 거예요
5. 미나 씨는 이탈리아에서 뭐 할 거예요? 배를 탈 거예요 / 타고 싶어요

1과 듣고 말하기

다 Listen carefully and fill in the blanks. 9

앤디 : 미나 씨, 이번 방학 때 뭐 할 거예요?
미나 : 유럽에 여행 갈 거예요.
앤디 : __혼자__ 여행 갈 거예요?
미나 : 네. 그런데 파리에 친구가 있어요.
　　　그래서 __친구__ __집__ 에 있을 거예요.

라 Listen carefully and repeat. 10
1. 박물관에 갈 거예요. (parmul)
2. 여행 잘 다녀오세요.

마 Read the following summary, find the mistakes and correct them. (3 things)

미나 씨는 이번 방학 때 유럽 여행을 할 거예요. 파리에서 ~~호텔~~(친구 집에) 있을 거예요. 파리를 구경할 거예요. 그리고 쇼핑도 할 거예요. 그 다음에 이탈리아에 갈 거예요. 이탈리아에서 ~~로마~~(베니스)에 갈 거예요. 거기에서 ~~박물관에~~ 갈 거예요. 그리고 사진도 많이 찍을 거예요.

After Listening

가 Talk with your classmates about your travel experiences.

어디를 여행했어요?
어디가 좋았어요?
어디에 가고 싶어요?

나 Write a summary about what you discussed in '가'.

학습 목표

Grammar

1. A: 휴가 때 뭐 할 거예요?
   B: 부산에 여행 갈 거예요.

2. A: 토요일에 극장에 같이 갈 수 있어요?
   B: 네, 좋아요. 같이 가요.

Vocabulary and Expressions

형용사 Adjectives
- 가깝다 ↔ 멀다
- 길다 ↔ 짧다
- 높다 ↔ 낮다
- 덥다 ↔ 춥다
- 많다 ↔ 적다
- 맛있다 ↔ 맛없다
- 비싸다 ↔ 싸다
- 빠르다 ↔ 느리다
- 어렵다 ↔ 쉽다
- 작다 ↔ 크다
- 재미있다 ↔ 재미없다
- 좋다 ↔ 나쁘다

대화 Dialogues
- 경치
- 날씨
- 바다

- 박물관
- 낚시하다
- 드라이브하다
- 스쿠버다이빙을 하다
- 깨끗하다
- 아름답다
- 출장을 가다
- 다른 약속이 있어요.
- 알겠어요.
- A 정말 미안해요.
  B 아니에요.

읽고말하기 Reading and Speaking
- 가족
- 생활
- 어머니
- 하숙집
- 학기

- 돌아가다
- 연습하다
- 이사하다
- 불편하다
- 친절하다
- 왜냐하면
- 그때 만나요.
- 보고 싶어요.
- 잘 지내요.

듣고말하기 Listening and Speaking
- 유럽
- 나중에
- 또
- -만
- 배를 타다
- 혼자
- 여행 잘 다녀오세요.

In use · Talk about your plans for the next holiday.

2 이 옷을 입어 보세요

학습 목표

말하기	문법 p36	-은 -지 않아요 -아/어 보세요
	대화 p39	맛있는 사과예요 전자사전 좀 보여 주세요 크지 않아요
	과제 p42	쇼핑하러 가요
읽고말하기	p43	와! 아름다운 여자예요
듣고말하기	p48	모자 좀 보여 주세요

2과

말하기 문법1 -은

Focus

미나 씨, 큰 가방을 살 거예요?

아니요, 작은 가방을 살 거예요.

Practice Ask and answer the questions.

뭐 살 거예요?

큰 모자를 살 거예요.

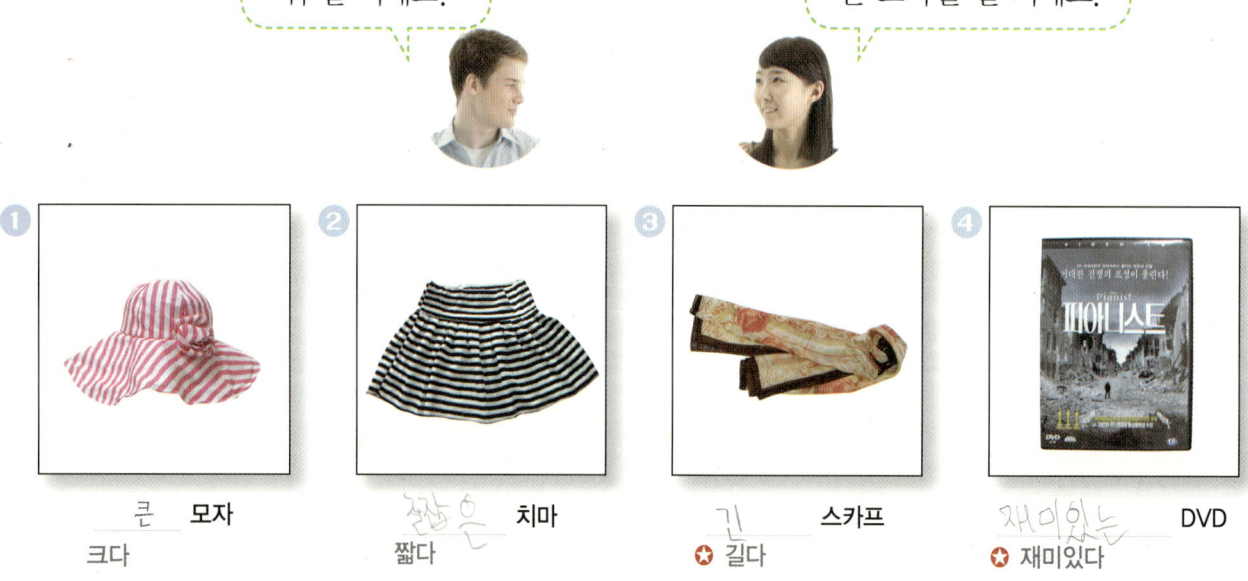

① <u>큰</u> 모자
크다

② <u>짧은</u> 치마
★ 짧다

③ <u>긴</u> 스카프
★ 길다

④ <u>재미있는</u> DVD
★ 재미있다

Activity Talk with your classmates.

돈이 많이 있어요. 그럼 뭐 사고 싶어요?

2과 말하기

문법2 -지 않아요

Focus

Practice Ask and answer the questions.

시계, 비싸다

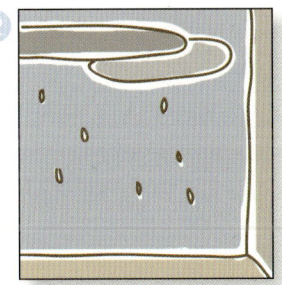
날씨, 좋다

책, 무겁다

치마, 길다

Activity Game - What is it?

① Find a partner.
② One partner thinks of an object near him/her.
③ The other partner asks questions to try to learn what the object is.

커요? — 아니요, 크지 않아요.
길어요? — 네, 길어요.
그럼 연필이예요? — 네, 맞아요.

2과

말하기 문법3 -아/어 보세요

Focus

Practice Ask and answer the questions.

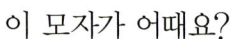

① 멋있는 모자예요.
한번 써 보세요.
쓰다

② 예쁜 치마예요.
한번 입어 보세요.
입다

③ 맛있는 과자예요.
한번 먹어 보세요.
먹다

④ 새 CD예요.
한번 들어 보세요.
★ 듣다

Activity Talk with your classmates.

Recommend nice places, food, music, books and movies to each other.

2과

대화1 말하기

맛있는 사과예요

Let's Talk
Go shopping; buy some fruit.

사과 좀 주세요.

아주머니	어서 오세요.
앤디	사과 좀 주세요. 얼마예요?
아주머니	세 개에 5,000원이에요.
앤디	맛있어요?
아주머니	네, 아주 맛있는 사과예요.
앤디	그럼 10,000원어치 주세요.

 Practice the dialogue above replacing 앤디's and the woman's lines with the cue words below.

사과 (세 개)
5,000원

배 (한 개)
5,000원

딸기 (100g)
900원

포도 (100g)
1,000원

Let's Try

Role-play a conversation like the one above. Buy some fruit or vegetables.

2과 말하기 대화2: 전자사전 좀 보여 주세요

Let's Talk
Go shopping; ask to look at an electronic dictionary.

전자사전 좀 보여 주세요.

완	전자사전 좀 보여 주세요.
점원	전자사전요? 이거 어때요?
완	좀 커요. 작은 사전 없어요?
점원	그럼, 이거 어때요?
완	좋아요. 이거 주세요.

Practice the dialogue above replacing 완's and the clerk's lines with the cue words below.

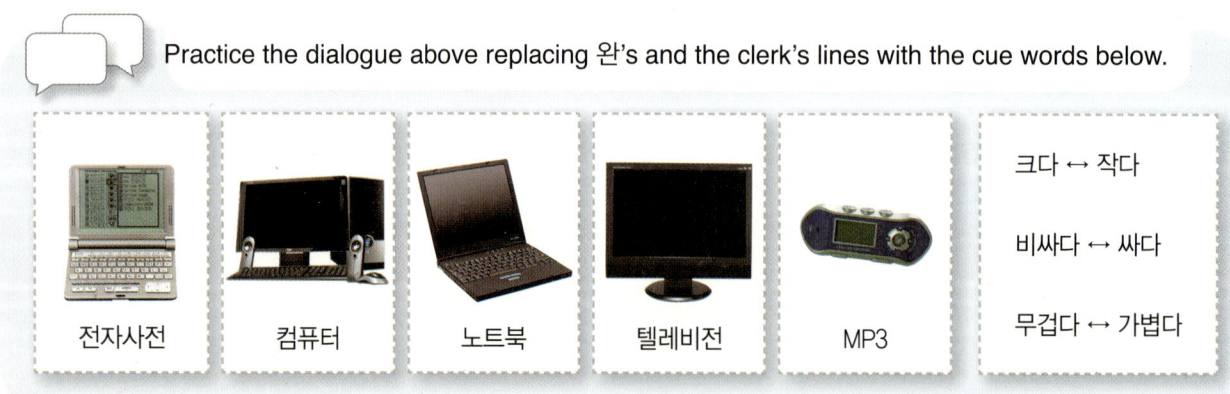

전자사전 / 컴퓨터 / 노트북 / 텔레비전 / MP3

크다 ↔ 작다
비싸다 ↔ 싸다
무겁다 ↔ 가볍다

Let's Try

Role-play a conversation like the one above. Buy electronic products.
(e.g. television, DVD player, CD player, etc.)

2과 크지 않아요 대화3 말하기

Let's Talk
Go shopping; ask to try on some clothing.

바지 좀 보여 주세요.

점원 　어서 오세요. 뭐 찾으세요?
미나 　바지 좀 보여 주세요.
점원 　이 바지 어때요? 한번 입어 보세요.
미나 　네.
　　　…
미나 　어때요? 크지 않아요?
점원 　크지 않아요. 잘 맞아요.

 Practice the dialogue above replacing 미나's and the clerk's lines with the cue words below.

바지, 치마, 티셔츠	입다
구두, 운동화	신다
모자, 안경	쓰다

Let's Try

Role-play a conversation like the one above. Buy clothes and miscellaneous goods at a department store.

2과 과제: 쇼핑하러 가요 — Let's go shopping

Preparation:
Is there anything you want to buy? Make a list of the things you want to buy at a clothing store, a fruit market, and an electronics store. Discuss your list with your classmates.

Activity:
1. Divide into two groups. The people in group A are store clerks, and the people in group B are customers.
2. Group A will receive object cards from the teacher. Prepare your store to sell those items.
3. Group B will visit the stores and buy the items they want.

어서 오세요. 뭐 찾으세요?

이 티셔츠 얼마예요?

선물가게

옷가게

Follow-up:
1. Give a presentation about the items you bought.
2. Talk with your classmates about shopping-related expressions you know, and summarize them.

2과 와! 아름다운 여자예요 읽고말하기

Before Reading

- 여러분의 친구는 어떤 사람이에요?

예쁘다   아름답다   멋있다   재미있다   친절하다

2과 읽고말하기

Reading

• 이리나 씨와 남자가 어디에서 만났어요? 이리나 씨가 남자한테 무엇을 질문했어요?

뭐 드시겠어요?

비빔밥 하나 주세요.

몇 분이에요?

한 명이에요.

와! 사람이 아주 많아요. 혹시 유명한 식당이에요?

와! 긴 머리, 짧은 치마……. 와! 아름다운 여자예요. 저는 아름다운 여자를 좋아해요.

사람들이 모두 같은 음식을 먹어요. 혹시 맛있는 음식이에요?

예쁜 여자가 혼자 왔어요. 남자 친구가 없어요?

음식 냄새가 참 좋아요. 저도 저 음식을 먹고 싶어요.

저 음식 이름을 알고 싶어요.

예쁜 여자가 이쪽을 봐요.

예쁜 여자가 계속 저를 쳐다 봐요. 혹시 저를 좋아해요?

저, 이름이 뭐예요?

아! 이 음식이 김상우예요?

네? 김상우예요.

아니요. 아니요. 음식 이름은 비빔밥이에요.

2과 읽고말하기

가 Choose the man's thoughts from among the following.

- ☐ 유명한 식당이에요?
- ☑ 와! 아름다운 여자예요!
- ☑ 남자 친구가 없어요?
- ☐ 혹시 맛있는 음식이에요?
- ☐ 저 음식 이름을 알고 싶어요.
- ☑ 혹시 저를 좋아해요?

나 Ask and answer the questions.

1. 식당에서 남자가 무슨 음식을 먹었어요?   비빔밥 먹었어요.
2. 남자는 이리나 씨를 어떻게 생각했어요?   남자는 이리나 씨를 아름다운 여자를 생각어요
3. 이리나 씨는 왜 그 음식을 먹고 싶었어요?   음식은 냄새
4. 이리나 씨가 남자의 음식을 쳐다봤어요. 남자는 어떻게 생각했어요?
5. 이리나 씨는 무엇을 물어봤어요?   음식을 이름이 물어봤어요.

다 Listen carefully and repeat. 15

1. 뭐 드시겠어요?
2. 사람들이 모두 같은 음식을 먹어요.

라 Fill in the blanks with the most appropriate words.

한 남자가 혼자 식당에 갔습니다. 그리고 이리나 씨도 혼자 식당에 갔습니다.
그 남자는 생각했습니다.
'와! <u>아름다운</u> 여자예요. 머리가 <u>길어요</u>. <u>짧은</u> 치마를 입었어요.'
이리나 씨는 생각했습니다.
'사람들이 모두 <u>같은</u> 음식을 먹어요. 혹시 <u>맛있는</u> 음식이에요?'
그래서 이리나 씨는 남자한테 음식 이름을 물어봤습니다.
남자는 대답했습니다.
"이 음식 이름이 비빔밥이에요."

2과 읽고말하기

After Reading

가 Look at the following pictures and make an interesting story.

나 Write the story you created in '가'.

이리나 씨가 혼자 식당에 갔어요.

Tip

Tip on the actual usage of the dialogue.

The dialogue on page 27 is actually mostly internal monologues(a person's thoughts). As such, the language used would normally be casual speech style(반말), but it was written here in the polite form to reflect the current level of the students. The text has been re-written below using casual speech style(반말) for the student's reference.

2과

듣고말하기   모자 좀 보여 주세요

Before Listening

- 보통 어디에서 쇼핑을 해요?

2과 듣고말하기

Listening  16·17

- 미나 씨가 무엇을 샀어요?

가 Write "O" for True and "X" for False.

1. 미나 씨는 큰 지갑을 사고 싶었어요.   (X)
2. 미니 씨는 모자를 샀어요.   (X)
3. 미나 씨는 짧은 바지가 마음에 들었어요.   (✓)
4. 긴 바지는 50,000원이에요.   (✓)
5. 미나 씨는 바지를 현금으로 샀어요.   (X)

나 Ask and answer the questions.

1. 미나 씨는 어느 가게에 갔어요?   지갑과 모자와 바지를 가게에 갔어요
2. 미나 씨는 어떤 지갑을 사고 싶었어요?   작은 지갑을 사고싶어요.
3. 미나 씨는 왜 모자를 사지 않았어요?   모자를 색이 마음에 들지 않았어요
4. 바지가 얼마예요?
   짧은 바지: 39,000   긴 바지: 50,000
5. 미나 씨는 무엇을 샀어요?   긴 바지를 샀어요.

2과 듣고 말하기

다 Listen carefully and fill in the blanks. 18

미나 : 이 모자는 얼마예요?
점원 : 15,000원이에요. 한번 __써 보세요__ .
미나 : __다른__ 색은 없어요?
점원 : 네, 없어요.

라 Listen carefully and repeat. 19

1. 다음에 다시 올게요.
2. 여기요. 이 바지 얼마예요?

마 Read the following summary, find the mistakes and correct them. (3 things)

미나 씨는 지갑하고 모자하고 바지를 사러 갔어요. 그런데 큰(작은) 지갑이 없었어요. 그래서 지갑을 사지 않았어요. 모자도 사지 않았어요. 왜냐하면 색이 마음에 들지 않았어요. 하지만 바지는 마음에 들었어요. 그래서 미나 씨는 짧은(긴) 바지를 현금으로(카드로) 샀어요.

After Listening

가 Talk about the things you bought recently.

 무엇을 샀어요?  어디에서 샀어요?

나 Write a summary about what you discussed in '가'.

학습 목표

Grammar

1. A: 이 바지 얼마예요?
   B: 짧은 바지는 38,000원이에요.
   A: 긴 바지는요?
   B: 긴 바지는 50,000원이에요.

2. A: 어때요? 크지 않아요?
   B: 크지 않아요. 잘 맞아요.

3. A: 바지 좀 보여 주세요.
   B: 이 바지 어때요? 한번 입어 보세요.

Vocabulary and Expressions

과일 Fruit
- 딸기
- 배
- 사과
- 포도

옷/소품 Clothes / Miscellaneous Goods
- 구두
- 모자
- 바지
- 안경
- 운동화
- 지갑
- 치마
- 티셔츠

쇼핑 Shopping Expressions
- 다른 색은 없어요?
- 다음에 다시 올게요.
- 바지 좀 보여 주세요.
- 얼마예요?
- 여기요.
- 이거 주세요.
- 카드로요.
- 사과 10,000원어치 주세요.

대화 Dialogues
- 맞다
- 신다
- 쓰다
- 입다

- 가볍다
- 무겁다

읽고말하기 Reading and Speaking
- 냄새
- 머리
- 비빔밥
- 이쪽
- 물어보다
- 같다
- 예쁘다
- 유명하다
- 계속
- 모두
- 혹시
- 뭐 드시겠어요?

- A 몇 분이에요?
  B 한 명이에요.

듣고말하기 Listening and Speaking
- 색
- 카드
- 현금
- 너무
- 긴 바지
- 짧은 바지
- 마음에 들다
- 죄송합니다.

In use

· Go to a supermarket or department store, and buy something such as an electronic product, fruit, or clothing.

3 요즘 어떻게 지내세요?

학습 목표

말하기	문법 p54	-으세요 ② -으셨어요
	대화 p56	어디 아프세요? 머리가 아파요 언제 한국에 오셨어요?
	과제 p59	보통 주말에 뭐 하세요?
읽고말하기	p60	아버지는 책을 읽으세요
듣고말하기	p64	지난주에 왜 학교에 안 오셨어요?

3과

말하기 문법1 －으세요 ②

Focus

아버지가 테니스를 좋아하세요?

네, 테니스를 좋아하세요.

Practice 1 Ask and answer the questions.

아버지가 지금 뭐 하세요?   산책하세요.

① 산책하다
② 신문을 읽다
③ ★ 저녁을 먹다
④ ★ 자다

Practice 2 Ask and answer the questions.

선생님, 지금 뭐 하세요?   운동해요.

① 운동하다
② 일본어를 배우다
③ 학교에 있다
④ 뉴스를 보다

Activity Ask and answer about a weekend routine.

일요일에 몇 시에 일어나세요?

3과 말하기

문법2 -으셨어요

Focus

아버지가 언제 테니스를 시작하셨어요?

10년 전에 시작하셨어요.

Practice 1 Ask and answer the questions.

어머니가 어제 뭐 하셨어요?

영화를 보셨어요.

① 영화를 보다

② ★ 음악을 듣다

③ ★ 베트남 음식을 먹다

④ ★ 커피 마시다

Practice 2 Ask and answer the questions.

선생님, 어제 전화하셨어요?

네, 전화했어요.

① 전화하다

② 테니스를 치다

③ ★ 일찍 자다

④ ★ 완 씨한테 말하다

Activity Ask and answer about what you have done during last weekend.

지난 주말에 뭐 하셨어요?

3과

말하기 대화1 — 어디 아프세요?

Let's Talk
Ask your co-worker about their health.

동료 수잔 씨, 얼굴이 안 좋으세요. 어디 아프세요?
수잔 네, 배가 아파요.
동료 약을 드셨어요?
수잔 아니요, 아직 안 먹었어요.
동료 그럼 약을 꼭 드세요.
수잔 네, 알겠어요. 감사합니다.

Practice the dialogue above replacing 수잔's and her co-worker's lines with the cue words below.

배	약을 먹다
머리	두통약을 먹다
눈	병원에 가다
이	치과에 가다

Let's Try

Ask your classmates how they feel today. Then ask the reason why.

3과 머리가 아파요 대화2 말하기

Let's Talk
Politely ask your co-worker if they have caught a cold.

동료	어디가 아프세요?
수잔	네, 열이 나요.
동료	혹시 감기에 걸리셨어요?
수잔	네, 감기에 걸렸어요.
동료	그럼 오늘은 일찍 집에 가세요. 그리고 푹 쉬세요.
수잔	네, 감사합니다.

 Practice the dialogue above replacing 수잔's and her co-worker's lines with the cue words below.

열이 나다	감기에 걸리다
머리가 아프다	어제 늦게까지 일하다
목이 아프다	회의를 오래 하다
배가 아프다	매운 음식을 먹다

Let's Try

Role-play a conversation like the one above.

3과

말하기 대화3 : 언제 한국에 오셨어요?

Let's Talk
Find out more about someone you have just met.

언제 한국에 오셨어요?

민수   언제 한국에 오셨어요?
수잔   두 달 전에 왔어요.
민수   한국 생활이 재미있으세요?
수잔   네, 재미있어요.
민수   그러세요? 한국 친구가 많으세요?
수잔   네, 한국 친구가 많아요.

Practice the dialogue above replacing 민수's lines with the cue words below.

언제 한국에 왔다	한국 생활이 재미있다
한국 친구가 많다	어떤 일을 하고 싶다
보통 주말에 뭐 하다	극장에 자주 가다
무슨 음식을 좋아하다	어디에 살다
어떤 운동을 좋아하다	음악을 많이 듣다

Let's Try

Role-play a conversation like the one above.

58

3과

읽고말하기 | 아버지는 책을 읽으세요

Before Reading

- 가족이 모두 몇 명이에요?

Reading

- 미나 씨 가족이 지금 어디에 있어요?

    오늘은 일요일이에요. 일요일 아침에 우리 가족은 보통 집 근처 공원에 가요. 거기에서 산책하고 운동도 해요. 그런데 오늘은 날씨가 안 좋아요. 비가 와요. 그리고 바람도 많이 불어요. 그래서 지금 모두 집에 있어요.

    저는 친구한테 이메일을 써요. 친한 친구가 스페인에 공부하러 갔어요. 그 친구가 제 메일을 기다려요. 언니는 거실에서 다리미질을 해요. 오늘 오후에 데이트가 있어요. 아버지도 거실에 계세요. 책을 읽으세요. 아버지는 책을 아주 좋아하세요. 할머니는 방에서 주무세요. 요즘 건강이 안 좋으세요. 어머니는 지금 부엌에 계세요. 부엌에서 맛있는 간식을 준비하세요. 조금 후에 우리 가족은 맛있는 간식을 먹을 수 있을 거예요.

3과 읽고말하기

가 Write "O" for True and "X" for False.

1. 미나 씨 가족은 오늘 공원에 갔어요. (X)
2. 오늘은 날씨가 안 좋아요. (✓)
3. 할머니는 거실에서 다리미질하세요. (X)
4. 아버지는 책을 좋아하세요. (✓)
5. 어머니는 부엌에서 저녁을 준비하세요. (X)

나 Ask and answer the questions.

1. 미나 씨 가족은 일요일에 보통 뭐 해요?
2. 오늘 날씨가 어때요?
3. 미나 씨는 지금 누구한테 이메일을 써요?
4. 미나 씨 언니는 왜 다리미질을 해요?
5. 미나 씨 부모님은 어디에 계세요? 그리고 뭐 하세요?
6. 미나 씨 할머니는 지금 뭐 하세요?

다 Listen carefully and repeat. 24

1. 할머니는 방에서 주무세요.
   요즘 건강이 안 좋으세요.
2. 부엌에서 맛있는 간식을 준비하세요.

라 Fill in the blanks with the appropriate words.

오늘은 _날씨_ 가 안 좋아요. 그래서 미나 씨 가족은 집에 있어요. 미나 씨는 _거실_ 에서 편지를 써요. 미나 씨 언니는 지금 다리미질해요. 미나 씨 아버지는 책을 _읽으세요_ . 어머니는 간식을 준비하세요. 할머니는 지금 방에서 _주무세요_ . 왜냐하면 요즘 _건강_ 이 안 좋으세요.

3과 읽고말하기

After Reading

가 Find all the things that are different from the story. Make a new story using those things.

나 Write down the story you created in '가'.

오늘은 일요일이에요.

3과 듣고말하기: 지난주에 왜 학교에 안 오셨어요?

Before Listening

- 앤디 씨는 어디가 아파요?

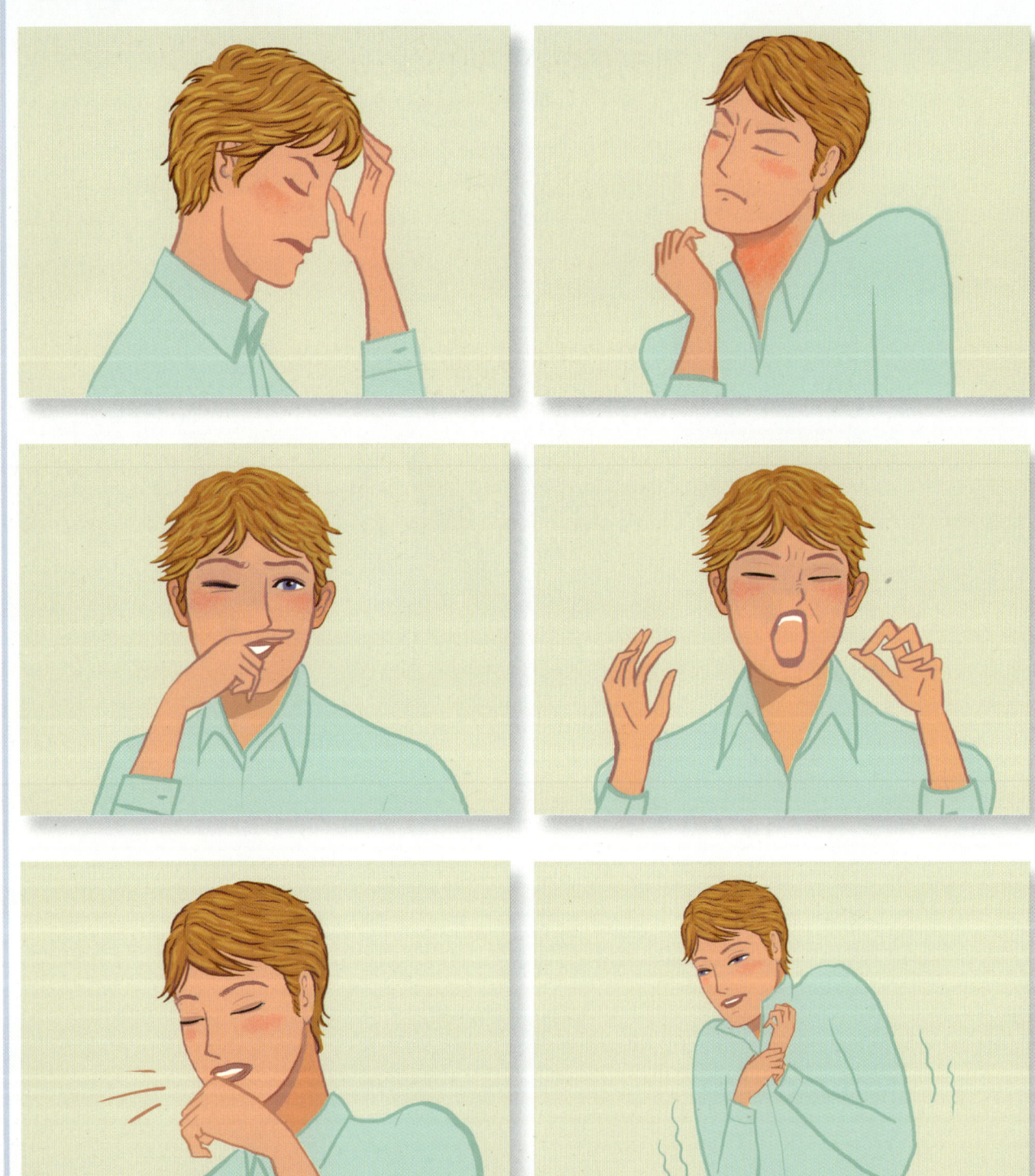

3과 듣고말하기

Listening  25·26

● 앤디 씨는 누구를 만났어요?

가 Write "O" for True and "X" for False.

1. 앤디 씨는 지난주에 학교에 안 갔어요. (O)
2. 앤디 씨는 오늘 아프지 않아요. (X)
3. 앤디 씨는 목이 아팠어요. 그래서 집 근처 약국에 갔어요. (X)
4. 다음 주에 시험이 있어요. (O)
5. 앤디 씨는 시험을 준비했어요. (X)

나 Ask and answer the questions.

1. 앤디 씨는 왜 선생님을 만나러 왔어요?
2. 앤디 씨는 지난주에 어느 병원에 갔어요?
3. 앤디 씨는 지금도 아파요?
4. 앤디 씨는 왜 걱정해요?
5. 내일 수업 시간에 뭐 할 거예요?

3과 듣고말하기

다 Listen carefully and fill in the blanks. 27

선생님 : 안녕하세요? 앤디 씨. _지난주_ 에 왜 학교에 안 오셨어요?
앤디 : 많이 아팠어요.
선생님 : 어디가 아프셨어요?
앤디 : _열_ 이 많이 났어요. 그리고 _목_ 도 많이 아팠어요.

라 Listen carefully and repeat. 28
1. 지금은 괜찮으세요?
2. 어떻게 해요? 저는 공부 안 했어요.

마 Read the following summary, find the mistakes and correct them. (3 things)

앤디 씨는 지난주에 많이 아팠어요. 열이 났어요. 그리고 목도 많이 아팠어요. 그래서 학교에 갈 수 없었어요. 앤디 씨는 약국에 갔어요. 지금도 아파요. 하지만 앤디 씨는 오늘 학교에 갔어요. 내일 시험이 있어요. 그래서 앤디 씨는 걱정해요.

After Listening

가 You are very ill and can't go to school. Call your friend, and explain the situation to them.

여보세요. 오늘 학교에 갈 수 없어요.

어디가 아프세요?

나 Write a summary about what you discussed in '가'.

학습 목표

Grammar
1. A: 어디가 아프세요?
   B: 목이 너무 아파요.
2. A: 언제 한국에 오셨어요?
   B: 두 달 전에 왔어요.

Vocabulary and Expressions

몸 Body
- 귀
- 눈
- 다리
- 머리
- 목
- 무릎
- 발
- 배
- 어깨
- 이
- 입
- 코

건강 Health
- 내과
- 두통약
- 약
- 치과
- 낫다

▲ 아프다
◆ 감기에 걸리다
◆ 건강이 안 좋다
◆ 병원에 가다
◆ 약을 먹다
◆ 열이 나다
☐ 빨리 나으세요.
☐ 어디 아프세요?
☐ 얼굴이 안 좋으세요.
☐ 푹 쉬세요.

존댓말 Honorific forms
- 계시다
- 드시다
- 말씀하시다
- 잡수시다
- 주무시다

대화 Dialogues
- 음식
- 일
- 회의
◆ 꼭
◆ 보통
◆ 아직
◆ 자주
☐ 그러세요?
☐ 무슨 음식을 좋아하세요?

읽고말하기 Reading and Speaking
- 간식
- 거실
- 건강
- 데이트
- 방
- 부엌

■ 산책하다
◆ 다리미질을 하다
◆ 모두
◆ 이메일을 쓰다
◆ 친한 친구
☐ 날씨가 좋아요.
☐ 바람이 불어요.
☐ 비가 와요.

듣고말하기 Listening and Speaking
■ 걱정하다
■ 복습하다
▲ 괜찮다
◆ 따뜻한 물
◆ 시험을 보다
☐ 내일 학교에 꼭 오세요.
☐ 들어오세요.
☐ 어떻게 해요?

 p25

In use
· Are you ill, or are you hurt anywhere?
If so, see a doctor or pharmacist, and talk about your symptoms.

4

수영할 줄 알아요

학습 목표

말하기	문법 p70	-을 줄 알아요/몰라요 운동과 악기 -아/어야 해요 -거나
	대화 p74	운동을 하거나 음악을 들어요 테니스 칠 줄 알아요 오늘도 일해야 해요
	과제 p77	어떻게 해야 해요?
읽고말하기	p78	영어를 아주 잘합니다
듣고말하기	p82	요즘 테니스를 배워요

4과

말하기 문법1   -을 줄 알아요/몰라요

Focus

Practice Ask and answer the questions.

한자를 읽다

자전거를 타다

수영을 하다

★ 한국 음식을 만들다

Activity Talk together.

Talk with your classmates. What do you know how to do? Look at the next page, and talk about the activities you know how to do.

4과

 p12   Sports and instuments **운동과 악기** 문법2 **말하기**

하다

야구   축구   농구   수영

치다

태권도   테니스   골프   탁구

타다   치다

스키   스케이트   피아노   기타

4과 말하기 문법3 -아/어야 해요

 p12

Focus

중국에 여행 가고 싶어요.

그럼, 여행 비자를 받아야 해요.

Practice Ask and answer the questions.

① A 몇 시까지 회사에 가야 해요?
　B 아홉 시에 회의가 있어요. 그래서 _여덟 시 반까지 가야 해요_.
　　여덟 시 반까지 가다

② A 오늘 같이 영화 볼 수 있어요?
　B 내일 시험을 봐요. 그래서 _공부해야 해요_.
　　공부하다

③ A 이 책을 빌려 줄 수 있어요?
　B 미안해요. 저도 _읽어야 해요_.
　　읽다

④ A 한국어 발음을 잘하고 싶어요. 어떻게 해야 해요?
　B _한국어 CD를 많이 들어야 해요_.
　　✪ 한국어 CD를 많이 듣다

Activity Talk with your classmates.

| 좋은 학생이 되고 싶어요. 어떻게 해야 해요? | 좋은 친구가 되고 싶어요. 어떻게 해야 해요? | 좋은 선생님이 되고 싶어요. 어떻게 해야 해요? |

4과 말하기

문법4 -거나

Focus

주말에 보통 뭐 해요?

책을 읽거나 영화를 봐요.

Practice Ask and answer the questions.

① A 시간이 있어요. 그럼 보통 뭐 해요?
　 B <u>컴퓨터 게임을 하거나 운동해요</u>.
　　 컴퓨터 게임을 하다, 운동하다

② A 친구를 만나요. 그럼 보통 뭐 해요?
　 B <u>영화를 보거나 산책을 해요</u>.
　　 영화를 보다, 산책을 하다

③ A 기분이 안 좋아요. 그럼 보통 뭐 해요?
　 B <u>친구를 만나거나 음악을 들어요</u>.
　　 친구를 만나다, 음악을 듣다

④ A 생일에 뭐 할 거예요?
　 B <u>친구들하고 파티하거나 가족하고 식사해요</u>.
　　 친구들하고 파티하다, 가족하고 식사하다

⑤ A 이번 주말에 뭐 하고 싶어요?
　 B <u>수영장에 가거나 집에서 책을 읽어요</u>.
　　 수영장에 가다, 집에서 책을 읽다

Activity Talk with your classmates.

이번 주말에 뭐 하고 싶어요?

이번 방학 때 뭐 할 거예요?

친구를 만나요. 그럼 보통 뭐 해요?

4과
말하기 대화1   운동을 하거나 음악을 들어요

Let's Talk

Find out what your friend does in their free time.

시간이 있을 때 뭐 하세요?

미에코   시간이 있을 때 뭐 하세요?
앤디   운동을 하거나 음악을 들어요.
미에코   어떤 운동을 좋아하세요?
앤디   태권도를 좋아해요.

 Practice the dialogue above replacing 앤디's lines with the cue words below.

운동을 하다	태권도, 축구, 야구, 농구
음악을 듣다	클래식, 팝송, 가요, 재즈
노래를 하다	한국 노래, 일본 노래
춤을 추다	라틴 댄스, 재즈 댄스, 힙합 댄스
영화를 보다	코미디 영화, 액션 영화, 공포 영화

Let's Try

Ask to your classmates about what they do in their free time.

4과 대화2 말하기

테니스 칠 줄 알아요

Let's Talk

Find out what sports your classmates know how to play.

테니스 칠 줄 아세요?

한스   수잔 씨, 요즘 어떻게 지내세요?
수잔   잘 지내요. 요즘 테니스 배우러 다녀요.
한스   그러세요?
수잔   한스 씨는 테니스 칠 줄 아세요?
한스   네, 칠 줄 알아요.
수잔   그럼 나중에 우리 같이 테니스 쳐요.
한스   네, 좋아요.

Practice the dialogue above replacing 수잔's lines with the cue words below.

Let's Try

Role-play a conversation like the one above.

4과

말하기 대화3   오늘도 일해야 해요

Let's Talk

Explain to your teacher why you didn't attend class yesterday.

선생님   한스 씨, 왜 어제 테니스 배우러 안 왔어요?

한스   어제 일이 너무 많았어요.
         그래서 회사에서 일해야 했어요.

선생님   그럼 오늘은 올 수 있어요?

한스   아니요, 오늘도 일해야 해요. 죄송합니다.

 Practice the dialogue above replacing 한스's lines with the cue words below.

일이 너무 많다	회사에서 일하다
숙제가 너무 많다	집에서 공부하다
배가 아프다	병원에 가다
외국에서 친구가 오다	서울을 안내하다

Let's Try

Role-play a conversation like the one above.

4과 과제

What should I do? 어떻게 해야 해요?

Preparation:
What are the following people's problems? Think about a problem you have.

Activity:
What should you do? Discuss your problem with your classmates. Ask them for advice. Give your classmates advice on their problems.

어제 노래를 많이 했어요. 그래서 목이 아파요.

그럼……

Follow-up:
Present the best answer.

4과

읽고 말하기 : 영어를 아주 잘합니다

Before Reading

● 무역 회사에서 일하고 싶어요. 무엇을 할 줄 알아야 해요?

| 영어 | 이태리어 | 컴퓨터 | 일본어 | 운전 |

무관 25세~39세 대학교(4년제)
졸업이상 경력무관 경력자우대

남여/영업/홍보/마케팅
(주)서강무역
~채용시

사람을 찾습니다.
서강 무역이 여러분을 기다립니다.
자기소개서를 이메일로 보내주세요

Tel 02-713-7891
wskim-seoul@hanmail.net

서류심사는 이메일 심사로 대체합니다.

온라인쇼핑몰 고객지원 모집

Reading

- 김지훈 씨는 왜 이메일을 썼어요?
  김지훈 씨는 무엇을 할 줄 알아요?

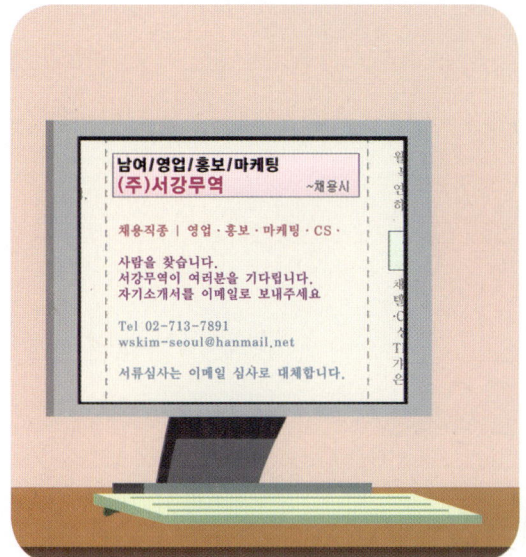

자기소개서

김지훈

저는 김지훈입니다. 서강 무역 회사에서 일하고 싶습니다. 제 전공은 무역입니다. 그래서 방학 때마다 무역 회사에서 아르바이트를 했습니다.

저는 영어를 잘합니다. 고등학교 때부터 영어를 열심히 공부했습니다. 대학교 1학년 때 1년 동안 미국에서 영어를 공부했습니다. 영어로 편지도 잘 쓸 수 있습니다.

저는 1년 동안 일본어 학원에 다녔습니다. 그래서 일본어도 할 줄 압니다. 그리고 컴퓨터도 할 줄 압니다. 여러 가지 프로그램을 잘 사용할 줄 압니다. 물론 운전도 할 줄 압니다.

서강 무역 회사에서 꼭 일하고 싶습니다. 잘 부탁드립니다.

Tel 010-5561-1207
E-mail jhkim0815@gmail.com
김지훈 Kim, Ji-Hoon

4과 읽고말하기

가 Write "O" for True and "X" for False.

1. 김지훈 씨 전공은 무역입니다. (O)
2. 김지훈 씨는 미국에서 일했습니다. (X)
3. 김지훈 씨는 영어를 할 줄 모릅니다. (X)
4. 김지훈 씨는 학교에서 일본어를 배웠습니다. (X)
5. 김지훈 씨는 컴퓨터를 할 줄 압니다. (O)

나 Ask and answer the questions.

1. 김지훈 씨는 어디에 이메일을 보냈습니까? 서강 무역 회사에서 이메일을 보냈습니다
2. 왜 이메일을 보냈습니까? 서강 무역회사에서 일하고 싶습니다.
3. 김지훈 씨 전공이 무엇입니까? 무역입니다
4. 김지훈 씨는 어느 나라 말을 할 줄 압니까? 영어와 일본어를 할 줄 압니다
5. 김지훈 씨는 이 회사에서 일할 수 있습니까? 여러분의 생각을 말해 보세요.

다 Listen carefully and repeat. 33

1. 서강 무역 회사에서 꼭 일하고 싶습니다.
2. 잘 부탁드립니다.

라 Fill in the blanks with the most appropriate words.

김지훈 씨는 학교에서 무역을 ㅈ_____. 김지훈 씨는 영어와 일본어를 할 줄 압니다. 그리고 컴퓨터로 여러 가지 프로그램을 사용할 줄 압니다. 물론 운전 도 할 줄 압니다. 김지훈 씨는 서강 ㅁ_____ 회사에서 일하고 싶습니다.

4과 읽고말하기

After Reading

가 Talk about the type of job you want. What do you need to know in order to get it?

무슨 일을 하고 싶어요?

그럼 무엇을 할 줄 알아야 해요?

나 Write a cover letter introducing yourself to send to a company you want to work for.

자기 소개서

저는　　　　　입니다.

4과 듣고 말하기: 요즘 테니스를 배워요

Before Listening

- 시간이 있을 때 뭐 해요?

4과 듣고말하기

Listening  34·35

- 완 씨가 왜 내일 한스 씨를 만나요?

  ① 테니스를 가르치고 싶어요.
  ② 좋은 선생님을 소개하고 싶어요.
  ③ 좋은 선생님을 소개받고 싶어요.

가 Write "O" for True and "X" for False.

1. 한스 씨는 지난주부터 테니스를 시작했어요.   (X)
2. 테니스장이 회사에서 가까워요.   (✓)
3. 한스 씨는 아침마다 테니스장에 가요.   (X)
4. 완 씨도 테니스를 칠 줄 알아요.   (X)
5. 두 사람은 내일 테니스장에서 만날 거예요.   (✓)

나 Ask and answer the questions.

1. 한스 씨는 언제 테니스를 시작했어요?
2. 테니스장이 어디에 있어요? 한스 씨 회사 근처 있어요
3. 테니스장이 어때요? 참 좋아요
4. 한스 씨는 보통 언제 테니스장에 가요?
5. 한스 씨는 완 씨를 어디에서 만날 거예요? 왜요?

4과 듣고말하기

다 Listen carefully and fill in the blanks. 36

한스: 완 씨, 내일은 어때요?
완　: 좋아요. 같이 가요. 몇 시에 만나요?
한스: 음……. 내일 저녁 _____ 에
　　　 신촌 역 _____ 출구에서 만나요.

라 Listen carefully and repeat. 37

1. 참 좋아요. 그리고 선생님도 친절하세요.
2. 그러세요? 그럼 다음에 같이 가요.

마 Read the following summary, find the mistakes and correct them. (3 things)

완 씨는 오늘 한스 씨를 만났어요. 한스 씨는 지난달부터 테니스를 배워요. 테니스장이 참 좋아요. 그리고 테니스 선생님이 아주 친절하세요. 한스 씨는 보통 테니스장에 아침 일찍 가거나 수업 후에 가요. 완 씨도 테니스를 배우고 싶어요. 그래서 내일 한스 씨를 테니스장에서 만날 거예요.

After Listening

가 Talk with your friends about what you have learned.

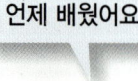

무엇을 배웠어요?　언제 배웠어요?　어땠어요?

나 Write a summary about what you discussed in '가'.

학습 목표

Grammar

1. A: 테니스 칠 줄 아세요?
   B: 네, 칠 줄 알아요.

2. A: 왜 어제 테니스 배우러 안 왔어요?
   B: 어제 회사에서 일해야 했어요.

3. A: 시간이 있을 때 뭐 하세요?
   B: 운동을 하거나 음악을 들어요.

Vocabulary and Expressions

운동 Sports
- 농구하다
- 수영하다
- 야구하다
- 축구하다
- 태권도를 하다
- 골프를 치다
- 탁구를 치다
- 테니스를 치다
- 스케이트를 타다
- 스키를 타다

대화 Dialogues
- 가요
- 외국
- 노래하다
- 안내하다
- 배우러 다니다

- 일이 많다
- 나중에 우리 같이 테니스 쳐요.
- 시간이 있을 때 뭐 하세요?
- 요즘 어떻게 지내세요?
- 죄송합니다.

읽고말하기 Reading and Speaking
- 고등학교
- 자기소개서
- 전공
- 편지
- 프로그램
- 운전하다
- 무역 회사
- 물론

- 방학 때마다
- 여러 가지
- 열심히 공부하다
- 학원에 다니다
- 잘 부탁드립니다.

듣고말하기 Listening and Speaking
- 테니스장
- 퇴근
- 소개하다
- 시작하다
- 친절하다
- 소개해 주다
- 신촌 역 2번 출구
- 일찍
- 그럼요.
- 내일 만나요.

In use · Talk with other people about the sports you know how to play and the ones you want to learn.

5

같이 영화 볼까요?

학습 목표

말하기	문법 p88	-을까요? ① -하고 -고
	대화 p92	영화 보러 갈까요? 영화 보고 저녁 먹어요 미나 씨하고 영화 보고 싶어요
	과제 p95	이번 주말에 우리 같이……
읽고말하기	p96	친구들하고 하늘 공원에 갔습니다
듣고말하기	p100	이번 휴가 때 같이 갈까요?

5과

말하기 문법1   -을까요? ①

Focus

Practice Ask and answer the questions.

 같이 점심을 먹을까요?

 네, 좋아요. 같이 먹어요.

 ① 같이 점심을 먹다

 ② 차 한잔하다

 ③ 여기에 앉다

 ④ 같이 사진을 찍다

Activity Talk with a classmate.

Make an appointment with your classmate.

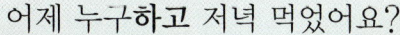 -하고 문법2 말하기

Focus

Practice Ask and answer the questions.

 앤디 씨가 누구하고 산책해요?

 미나 씨하고 산책해요.

① 산책하다

② 전화하다

③ 테니스를 치다

④ 춤을 추다

Activity Talk with your classmates.

| 누구하고 같이 여행 가고 싶어요? | 누구하고 같이 영화 보고 싶어요? |

| 보통 누구하고 한국어를 연습해요? | 어제 누구하고 점심 먹었어요? |

5과 말하기 문법3 -고 (현재 Present)

Focus

오후에 뭐 해요?

영화 보고 저녁을 먹어요.

Practice Ask and answer the questions.

수업 후에 뭐 해요?

숙제하고 운동해요.

①
숙제하다,
운동하다

②
책을 읽다,
친구하고 전화하다

③
생일 카드를 만들다,
파티하러 가다

④
한국어 CD를 듣다,
산책하다

Activity Talk with your classmates.

| 보통 저녁 때 뭐 해요? | 보통 일요일에 뭐 해요? | 보통 수업 후에 뭐 해요? |

5과 말하기

문법3 (과거 Past) -고

p15

Focus

어제 오후에 뭐 했어요?

영화 **보고** 저녁을 먹었어요.

Practice Ask and answer the questions.

 어제 뭐 했어요?

 영화 보고 음악을 들었어요.

① 영화를 보다,
음악을 듣다

② 신문을 읽다,
차 한잔하다

③ 수영하다,
쇼핑하다

④ 저녁을 먹다,
집에서 텔레비전을 보다

Activity Talk with your classmates.

| 어제 오후에 뭐 했어요? | 지난 주말에 뭐 했어요? |

5과

말하기 대화1   영화 보러 갈까요?

Let's Talk

Suggest playing ping-pong together to a friend.

렌핑   이리나 씨, 오늘 수업 후에 뭐 할 거예요?

이리나   글쎄요, 아직 잘 모르겠어요.

렌핑   그럼 우리 같이 탁구 치러 갈까요?

이리나   네, 좋아요. 같이 탁구 치러 가요.

Practice the dialogue above replacing 렌핑's lines with the cue words below.

탁구를 치다
영화를 보다
산책을 하다
한스 씨를 만나다
불고기를 먹다

Let's Try

What are you going to do after class today? Suggest to your friends that you do it together.

5과 대화2 말하기

영화 보고 저녁 먹어요

Let's Talk
Accept a suggestion.

> 같이……?
>
> 네, 좋아요.

앤디	소라 씨, 내일 시간 있어요?
소라	네, 있어요.
앤디	그래요? 그럼 같이 영화 볼까요?
소라	좋아요. 같이 영화 보고 저녁 먹어요.

Practice the dialogue above replacing 앤디's and 소라's lines with the cue words below.

영화(를) 보다	저녁(을) 먹다
테니스(를) 치다	술 한잔하다
드라이브하다	차 한잔하다
산책하다	이야기하다

Let's Try

Find someone who has free time in your class, and make an appointment with them.

5과

말하기 대화3 미나 씨하고 영화 보고 싶어요

Let's Talk
Refuse a suggestion.

앤디 미나 씨, 이번 주 토요일에 바빠요?
미나 왜요?
앤디 우리 같이 영화 보러 갈까요?
　　 미나 씨하고 같이 영화 보고 싶어요.
미나 미안해요. 이번 주 토요일에는 아르바이트해야 돼요.
앤디 그래요? 그럼 다음에 같이 보러 가요.

 Practice the dialogue above replacing 앤디's and 미나's lines with the cue words below.

영화를 보다	아르바이트하다
스키를 타다	친구를 만나다
저녁을 먹다	친구 생일 파티에 가다
등산하다	동생을 도와주다
콘서트에 가다	시험을 준비하다

Tip
As there is '가다' in '콘서트에 가다', Korean say '콘서트에 가요' instead of '-러 가요'.

Let's Try

Role-play a conversation like the one above.

5과

읽고말하기 | 친구들하고 하늘 공원에 갔습니다

Before Reading

- 봄, 여름, 가을, 겨울 중에서 언제 소풍을 가고 싶어요?
  소풍을 가요. 그럼 친구들하고 뭐 하고 싶어요?

5과 읽고 말하기

Reading

● 앤디 씨는 어제 뭐 했어요?

   앤디 씨는 어제 봄 소풍을 갔습니다. 친구들하고 하늘 공원에 갔습니다. 하늘 공원은 넓고 나무가 많았습니다. 그리고 꽃도 아름다웠습니다.
   거기에서 앤디 씨는 친구들하고 점심을 맛있게 먹고 이야기했습니다. 그 다음에 공원에서 산책을 하고 사진을 찍었습니다. 그리고 다 같이 게임을 했습니다. 앤디 씨 팀이 이겼습니다. 그래서 선물을 많이 받았습니다.
   미나 씨가 말했습니다.
"앤디 씨, 하늘 공원이 정말 좋아요. 다음 주 토요일에 다시 올까요?"
   앤디 씨가 대답했습니다.
"네, 좋아요. 그런데 다음에는 우리 둘이서만 와요."

 41

5과 읽고말하기

가 Write "O" for True and "X" for False.

1. 앤디 씨는 어제 가을 소풍을 갔습니다. (X)
2. 하늘 공원은 넓고 나무가 많았습니다. (O)
3. 앤디 씨는 산책 후에 점심 식사를 했습니다. (O)
4. 앤디 씨 팀이 게임에서 이겼습니다. 그래서 선물을 받았습니다. (O)
5. 미나 씨는 다음 주에 혼자서 하늘 공원에 갈 겁니다. (X)

나 Ask and answer the questions.

1. 앤디 씨는 어제 뭐 했습니까?   *어제 봄소풍을 갔습니다*
2. 하늘 공원은 어땠습니까?   *하늘 공원은 넓고 나무가 많았습니다*
3. 앤디 씨하고 친구들은 하늘 공원에서 무엇을 했습니까?
4. 앤디 씨는 소풍에서 왜 선물을 받았습니까?
5. 미나 씨는 앤디 씨한테 "다음 주 토요일에 다시 올까요?"라고 말했습니다.
   앤디 씨는 뭐라고 대답했습니까?

다 Listen carefully and repeat. 42

1. 하늘 공원은 넓고 나무가 많았습니다.
2. 다 같이 게임을 했습니다.

라 Fill in the blanks with the most appropriate words.

앤디 씨는 어제 <u>봄 소풍</u>을 갔습니다. 공원은 <u>넓었습니다</u>. 그리고 나무도 많았습니다. 앤디 씨는 친구들하고 점심을 먹고 이야기를 했습니다. <u>산책하</u>고 사진도 찍었습니다. 앤디 씨는 미나 씨하고 다시 한번 하늘 공원에 가고 싶습니다.

5과 읽고말하기

After Reading

가 Make plans for a picnic with your classmates.

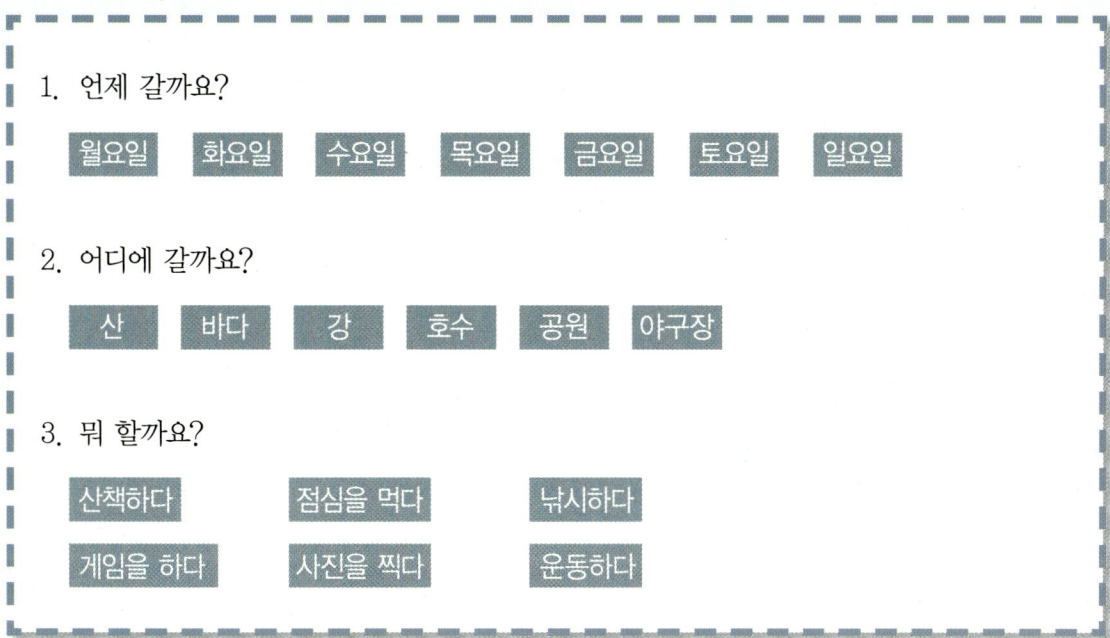

1. 언제 갈까요?
   월요일   화요일   수요일   목요일   금요일   토요일   일요일

2. 어디에 갈까요?
   산   바다   강   호수   공원   야구장

3. 뭐 할까요?
   산책하다   점심을 먹다   낚시하다
   게임을 하다   사진을 찍다   운동하다

나 Write a plan for a picnic using what you discussed in '가' to help you.

저는 소풍을 갈 거예요.

5과

듣고말하기 | 이번 휴가 때 같이 갈까요?

Before Listening

- 여기가 어디예요?

5과 듣고말하기

Listening  43·44

• 제주도가 어떤 곳이에요?
  두 사람은 제주도에서 뭐 할 거예요?

가 Write "O" for True and "X" for False.

1. 제주도는 유명한 산이에요.   (X)
2. 제주도는 한국 동쪽에 있어요.   (X)
3. 수잔 씨는 혼자 제주도에 가요.   (X)
4. 두 사람은 제주도에서 수영할 거예요. (X)
5. 두 사람은 비행기 표 가격을 알고 싶어요. (O)

나 Ask and answer the questions.

1. 수잔 씨는 이번 휴가 때 무슨 계획이 있어요?   제주도에 갈 거예요.
2. 수잔 씨하고 한스 씨는 제주도에서 뭐 할 거예요? 관광할 거예요
3. 제주도는 어디에 있어요?   한국 남쪽에 있어요
4. 제주도는 어떤 곳이에요?   섬이에요
5. 두 사람은 인터넷으로 무엇을 찾아볼 거예요? 비행기 표를 책 가격은 찾아볼 거예요

5과 듣고말하기

다 Listen carefully and fill in the blanks. 45

한스 : 제주도요? 제주도가 어떤 곳이에요?
수잔 : 유명한 <u>섬</u> 이에요. 한국 남쪽에 있어요.
한스 : 제주도가 좋아요?
수잔 : 네, 경치가 아주 <u>아름다워요</u>.

라 Listen carefully and repeat. 46

1. 글쎄요. 그건 잘 모르겠어요.
2. 우리 인터넷으로 찾아볼까요?

마 Read the following summary, find the mistakes and correct them. (3 things)

　수잔 씨하고 한스 씨는 방학(휴가) 때 제주도에 갈 거예요. 제주도는 유명한 섬이에요. 바다 경치가 아주 아름다워요. 두 사람은 제주도에서 관광하고 수영할(등산할) 거예요. 그런데 호텔 가격을 잘 몰라요. 그래서 두 사람은 지금 인터넷으로 찾아볼 거예요.

(비행기)

After Listening

가 Where do you want to go during the school break? Discuss your travel plans with your classmates.

언제 출발할까요?
어디에 여행 가고 싶어요?
거기에서 뭐 할까요?

나 Write a summary about what you discussed in '가'.

학습 목표

Grammar

1. A: 우리 같이 탁구 치러 갈까요?
   B: 네, 좋아요. 같이 탁구 치러 가요.

2. A: 오늘 미나 씨하고 같이 영화 보고 싶어요.
   B: 미안해요. 오늘 아르바이트해야 해요.

3. A: 우리 같이 저녁 식사할까요?
   B: 네, 좋아요. 같이 저녁 식사하고 커피 마셔요.

Vocabulary and Expressions

여가 활동 Spare Time Activities
- 관광하다
- 드라이브하다
- 등산하다
- 산책하다
- 게임을 하다
- 사진을 찍다
- 소풍을 가다
- 술 한잔하다
- 스키를 타다
- 영화를 보다
- 저녁을 먹다
- 차 한잔하다
- 콘서트에 가다
- 탁구를 치다
- 테니스를 치다
- 같이 점심 먹을까요?
- 차 한잔할까요?

대화 Dialogues
- 동생
- 시험
- 도와주다
- 준비하다
- 아르바이트하다
- 글쎄요, 아직 잘 모르겠어요.
- 왜요?

읽고말하기 Reading and Speaking
- 꽃
- 나무
- 봄
- 선물
- 우리
- 팀
- 이기다
- 대답하다
- 받다
- 넓다

- 그 다음에
- 다 같이
- 둘이서만
- 맛있게

듣고말하기 Listening and Speaking
- 계획
- 남쪽
- 섬
- 인터넷
- 찾아보다
- 유명하다
- 특별하다
- 비행기 표
- 아직
- 친구들
- 특히
- 같이 찾아봐요.
- 그건 잘 모르겠어요.
- 아직 특별한 계획은 없어요.

In use
- Suggest to your friends that you do something together.
- Give a reason why you can't accept the suggestion.

6

아파서 못 갔어요

학습 목표

말하기	문법 p106	못 -아/어서 -으려고 해요
	대화 p109	친구를 못 만났어요 운동을 하려고 해요 시간이 없어서 못 만들었어요
	과제 p112	연극을 해 보세요
읽고말하기	p114	저도 축구 경기를 보려고 해요
듣고말하기	p118	길이 너무 막혀서 늦었어요

6과

말하기 문법1 못

Focus

Practice Ask and answer the questions.

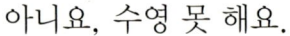

수영하다

아침에 일찍 일어나다

소풍 가다

운전하다

Activity Talk with your classmates.

| 한국 노래를 할 수 있어요? | 김치를 만들 줄 알아요? | 어제 한국어를 연습했어요? |

6과

📗 p16　　　　　　　　　　　　　　　　　　　-아/어서　문법2 **말하기**

Focus

왜 어제 파티에 안 왔어요?

다른 약속이 **있어서** 못 갔어요.

Practice Ask and answer the questions.

일요일에 같이 등산 갈까요?

미안해요. 시간이 없어서 등산 못 가요.

① A 왜 앤디 씨를 좋아해요?
　B <u>재미있어서</u> 좋아해요.
　　재미있다

② A 오늘 같이 영화 볼 수 있어요?
　B 미안해요. <u>친구하고 약속이 있어서</u> 볼 수 없어요.
　　친구하고 약속이 있다

③ A 어디에 가요?
　B <u>배가 고파서</u> 식당에 가요.
　　★ 배가 고프다

④ A 왜 보통 지하철을 타요?
　B <u>지하철이 빨라서</u> 지하철을 타요.
　　★ 지하철이 빠르다

Activity Discuss the following things and give a reason for liking or disliking it.

봄을 좋아해요?

왜요?

네, 좋아해요.

날씨가 따뜻해서 봄을 좋아해요.

봄	여름
가을	겨울
산	바다
한국	…

6과 말하기 문법3 -으려고 해요

Focus

올해 어떤 계획이 있어요?

매일 운동을 하려고 해요.

Practice Ask and answer the questions.

이번 방학 때 뭐 할 거예요?

여행을 가려고 해요.

여행을 가다

책을 많이 읽다

열심히 공부하다

아르바이트를 하다

Activity Talk with your classmates.

내일 뭐 해요?

주말에 뭐 할 거예요?

내년에도 한국어 공부를 하려고 해요?

6과 대화1 말하기

친구를 못 만났어요

Let's Talk
Ask your classmates if they met their friends yesterday.

앤디   어제 친구를 만났어요?
미나   아니요, 못 만났어요.
앤디   왜 못 만났어요?
미나   친구가 너무 바빠서 못 만났어요.

Practice the dialogue above replacing 앤디's and 미나's lines with the cue words below.

친구를 만나다	친구가 너무 바쁘다
영화를 보다	표가 없다
파티에 가다	다른 약속이 있다.
공부하다	너무 피곤하다
좀 쉬다	일이 생기다

Let's Try

Have you ever not kept an appointment? Why?

6과

말하기 대화2 운동을 하려고 해요  48

내일부터 아침 운동을 하려고 해요.

Let's Talk
Tell someone that you have decided to start exercising.

앤디 내일부터 아침 운동을 하려고 해요.
미나 왜요?
앤디 요즘 건강이 안 좋아서요.
미나 그래요? 그럼 내일부터 운동을 꼭 하세요.

 Practice the dialogue above replacing 앤디's lines with the cue words below.

아침 운동을 하다	요즘 건강이 안 좋다
다이어트를 하다	살이 많이 찌다
중국어를 배우다	중국에 가고 싶다
공부를 열심히 하다	다음 주에 시험이 있다
아르바이트를 하다	돈이 필요하다

Let's Try

Talk with your classmates about your plans and the reasons for them.

6과 말하기

시간이 없어서 못 만들었어요 대화3

Let's Talk

Explain to your co-worker why you haven't completed the documents yet.

동료	수잔 씨, 서류를 만들었어요?
수잔	아니요, 아직 못 만들었어요.
동료	왜요?
수잔	시간이 없어서 못 만들었어요.
동료	그럼 언제 만들 거예요?
수잔	오늘 세 시까지 만들려고 해요.

 Practice the dialogue above replacing 수잔's and her co-worker's lines with the cue words below.

서류를 만들다	시간이 없다
이메일을 보내다	바쁘다
일을 끝내다	다른 일이 있다
번역을 끝내다	너무 많다

Let's Try

Role-play a conversation like the one above.

6과

과제: 연극을 해 보세요 Perform a play

Preparation:
Look at the pictures.

Activity:
1. ① With your group make up Andy's story.
   ② Prepare a presentation.
   ③ Present Andy's story to your classmates.
2. ① Choose the most interesting story among the students' stories and prepare a play.
   ② Perform the play.

What is Andy doing in each one? Take notes.

"앤디 씨가 방학 때 제주도에 여행을 갔어요."

6과 과제

Follow-up: Summarize new expressions.

6과 읽고 말하기 : 저도 축구 경기를 보려고 해요

Before Reading

- 뭐가 고장이 났어요? 어떻게 해야 해요?

Reading

● 텔레비전이 고장이 났습니다. 그래서 한스 씨는 어떻게 했습니까?

한스 씨는 오늘 일찍 집에 돌아왔습니다. 오늘 저녁 일곱 시에 텔레비전에서 축구 경기를 합니다. 한국하고 독일 경기입니다. 한스 씨는 축구를 좋아해서 꼭 보고 싶었습니다. 그런데 한스 씨 텔레비전이 고장이 났습니다. 한스 씨는 A/S센터에 전화했습니다.

"아저씨, 텔레비전이 고장났어요. 오늘 저녁 여섯 시까지 텔레비전을 고치러 올 수 있어요?"

"네, 여섯 시까지 가겠습니다."

한스 씨는 기분이 정말 좋았습니다. 그런데 다섯 시 반에 A/S센터 아저씨한테서 전화가 왔습니다.

"여보세요, A/S센터입니다. 한스 씨, 정말 죄송합니다. 다른 일이 많아서 여섯 시까지 갈 수 없어요."

"네? 어떻게 해요? 제가 오늘 저녁에 축구 경기를 꼭 보고 싶어요. 독일하고 한국 축구 경기예요."

"저도 오늘 저녁에 그 축구 경기를 보려고 해요."

……

한스 씨는 축구 경기를 볼 수 있었습니다. 한스 씨는 독일 팀이 이겨서 기분이 아주 좋았습니다.

6과 읽고말하기

가 Write "O" for True and "X" for False.

1. 한스 씨는 오늘 저녁에 축구 경기를 했습니다. (X)
2. 한스 씨는 한국하고 독일 경기를 보고 싶었습니다. (O)
3. 한스 씨는 텔레비전을 고치러 A/S센터에 갔습니다. (X)
4. A/S센터 아저씨는 텔레비전을 빨리 고쳤습니다. (X)
5. 한스 씨는 텔레비전이 고장이 나서 축구 경기를 볼 수 없었습니다. (X)

나 Ask and answer the questions.

1. 한스 씨는 오늘 왜 일찍 집에 갔습니까? 축구 경기를 보고싶어서 일찍 집에 갔습니다
2. 한스 씨는 오늘 텔레비전에서 어떤 프로그램을 보고 싶었습니까?
3. 한스 씨는 왜 A/S센터에 전화했습니까?
4. 왜 A/S센터 아저씨는 한스 씨한테 전화했습니까?
5. A/S센터 아저씨는 오늘 저녁에 무엇을 하려고 합니까?

다 Listen carefully and repeat.  51

1. 오늘 저녁 일곱 시에 텔레비전에서 축구 경기를 합니다.
2. 그런데 다섯 시 반에 A/S센터 아저씨한테서 전화가 왔습니다.

라 Fill in the blanks with the most appropriate words.

한스 씨는 축구 __경기__ 를 보고 싶어서 일찍 집에 돌아왔습니다. 그런데 텔레비전이 __고장이 나서__ A/S센터에 전화했습니다. A/S센터 아저씨가 말했습니다.
"여섯 시까지 가겠습니다."
그런데 다섯 시 반에 A/S센터 아저씨한테서 전화가 __왔습니다__.
"정말 죄송합니다. 다른 일이 많아서 여섯 시까지 갈 수 없어요."
하지만 한스 씨는 축구 경기를 볼 수 있었습니다. 한스 씨는 독일 팀이 __이겨__ 서 기분이 아주 좋았습니다.

6과 읽고말하기

After Reading

가 How was Hans able to watch the soccer game? Make his story.

한스 씨가 축구 경기를 봤어요? 어디에서 봤어요?

나 Write a dialogue between Hans and the repairman.

아저씨 : 여보세요, A/S센터입니다. 한스 씨, 정말 죄송합니다.
　　　　다른 일이 많아서 여섯 시까지 갈 수 없어요.

한스　 : _____.

아저씨 : _____.

한스　 : _____.

6과 듣고말하기: 길이 너무 막혀서 늦었어요

Before Listening

- 여러분은 자주 약속에 늦어요? 왜 늦어요?

6과 듣고말하기

Listening  52·53

● 앤디 씨가 왜 늦었어요?

가 Write "O" for True and "X" for False.

1. 앤디 씨가 일이 많아서 약속에 늦었어요.　　　　(O)
2. 앤디 씨는 버스 정류장이 가까워서 보통 버스를 타요.　(O)
3. 앤디 씨는 핸드폰이 없어서 전화를 못 했어요.　　(O)
4. 앤디 씨는 미나 씨 생일 파티에 갔어요.　　　　(X)
5. 앤디 씨는 미나 씨한테 생일 카드를 줬어요.　　(X)

나 Ask and answer the questions.

1. 앤디 씨는 약속 장소에 일찍 도착했어요? *아니요*
2. 앤디 씨는 왜 자주 버스를 타요? *버스 정류장이 앤디 씨 집에서 가까워요*
3. 앤디 씨는 왜 전화를 못 했어요? *핸드폰이 없어요*
4. 앤디 씨는 왜 미나 씨 생일 파티에 못 갔어요? *배가 아팠어요*
5. 앤디 씨는 오늘 왜 선물을 안 가지고 왔어요?

6과 듣고말하기

다 Listen carefully and fill in the blanks. 54

미나 : 앤디 씨, _금요일_ 오후에는 차가 많아요.
　　　왜 지하철을 안 탔어요?
앤디 : _버스정류장_ 이 집에서 가까워서
　　　저는 보통 버스를 타요.

라 Listen carefully and repeat. 55

1. 그럼 왜 전화를 안 했어요?
2. 괜찮아요, 앤디 씨.

마 Read the following summary, find the mistakes and correct them. (3 things)

오늘 앤디 씨는 미나 씨하고 약속이 있었어요. 그런데 ~~배가 아파서~~ 늦게 도착했어요. 앤디 씨는 공중전화가 없어서 미나 씨한테 전화할 수 없었어요. 그리고 생일 선물을 못 사서 선물도 줄 수 없었어요. 앤디 씨는 다음에 미나 씨한테 생일 선물을 주려고 해요.

After Listening

가 Find out why your classmate was late for an appointment.

 왜 약속에 늦어요?

 왜냐하면······.

나 Write a summary about what you discussed in '가'.

학습 목표

Grammar
1. A: 어제 친구를 만났어요?
   B: 아니요, 친구가 바빠서 못 만났어요.
2. A: 어제 뭐 했어요?
   B: 배가 아파서 병원에 갔어요.
3. A: 앤디 씨, 점심 먹었어요?
   B: 아니요, 아직 못 먹었어요. 하지만 조금 후에 먹으려고 해요.

Vocabulary and Expressions

이유 Excuses
- 감기에 걸려서
- 건강이 안 좋아서
- 너무 피곤해서
- 다른 약속이 있어서
- 머리가 아파서
- 바빠서
- 배가 아파서
- 숙제가 많아서
- 시간이 없어서
- 시험이 있어서
- 일이 생겨서

대화 Dialogues
- 돈
- 번역
- 서류
- 표

- 끝내다
- 쉬다
- 필요하다
- 꼭
- 다이어트를 하다
- 살이 찌다

읽고말하기 Reading and Speaking
- 경기
- 아저씨
- 축구
- 팀
- A/S센터
- 고치다
- 돌아오다
- 이기다
- 일찍

- 고장이 나다
- 기분이 좋다
- 죄송합니다.
- 여섯 시까지 가겠습니다.

듣고말하기 Listening and Speaking
- 공중전화
- 길
- 동전
- 생일 카드
- 늦다
- 가지고 오다
- 길이 막히다
- 보통
- 차가 많다
- 그래서, 뭐요?
- 그런데요?

In use
· Give an excuse for not keeping an appintmeat.
· Talk about your future plans.

7 한국 음식을 먹어 봤어요

학습 목표

말하기 문법 p124 -아/어 봤어요
                    -아/어 주세요

대화 p126 이메일을 좀 써 주세요
          김치찌개가 맛있어요
          갈비 먹어 봤어요?

과제 p129 어디에 가 봤어요?

읽고말하기 p130 수업 후에 불고기를 만들었습니다

듣고말하기 p134 비빔밥 하나만 갖다 주세요

7과

말하기 문법1 -아/어 봤어요

Focus

Practice Ask and answer the questions.

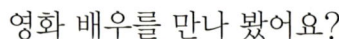
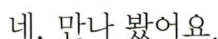

영화 배우를 만나다 (○)

제주도에 가다 (○)

비빔밥을 먹다 (○)

★ 한국 음악을 듣다 (○)

설악산에 가다 (×)

번지 점프를 하다 (×)

Activity Talk together.

Talk with your classmates.

7과 말하기

문법2 -아/어 주세요

 p19

Focus

사진 좀 찍어 주세요.

네, 알았어요.

Practice
Change the following using '-아/어 주세요', and practice using them with your classmates.

 큰 소리로 말해 주세요.  네.

① ✓ 큰 소리로 말하다
② 천천히 이야기하다
③ 영어를 가르치다
④ ★ 전화번호를 쓰다
⑤ 창문을 닫다
⑥ 불을 켜다
⑦ ★ 수업 시간에는 전화를 끄다
⑧ 문을 열다

Activity
Talk with your classmates.

What situations are these? What do you generally say in the following situations?

팔이 아파서 쓸 수 없어요. 좀 써 주세요.

7과

말하기 대화1   이메일을 좀 써 주세요  56

Let's Talk
Ask your friend for help writing an e-mail in Korean.

앤디: 소라 씨, 저…….
소라: 왜요? 앤디 씨, 말씀하세요.
앤디: 한국어로 이메일을 써야 해요. 이메일을 좀 써 주세요.
소라: 네, 알겠어요. 그런데 지금은 너무 바빠요.
　　　조금 이따가 도와줄게요.
앤디: 고마워요.

 Practice the dialogue above replacing 앤디's lines with the cue words below.

한국어로 이메일을 써야 하다	이메일을 쓰다
한국어 숙제가 어렵다	숙제를 돕다
파티를 준비해야 하다	거실을 청소하다
한국 음식을 배우고 싶다	요리를 가르치다
새 카메라를 사려고 하다	좋은 쇼핑몰을 가르치다

Let's Try

Role-play a conversation like the one above.

김치찌개가 맛있어요 대화2 말하기

Let's Talk
Order some food in a restaurant.

김치찌개 주세요.

된장찌개 5500원
김치찌개 5500원
순두부찌개 5500원
쇠고기덮밥 6000원
비빔밥 6000원

앤디	여기요, 물 좀 주세요.
종업원	네.
앤디	이 집에서 뭐가 맛있어요?
종업원	김치찌개가 맛있어요.
앤디	너무 맵지 않아요?
종업원	맵지 않아요. 한번 먹어 보세요.
앤디	그래요? 그럼 김치찌개 주세요.

Practice the dialogue above replacing 앤디's lines with the cue words below.

김치찌개	맵다
불고기	달다
삼겹살	기름이 많다
레몬차	시다
인삼차	쓰다

Let's Try

Role-play a conversation like the one above.

7과

말하기 대화3: 갈비 먹어 봤어요?

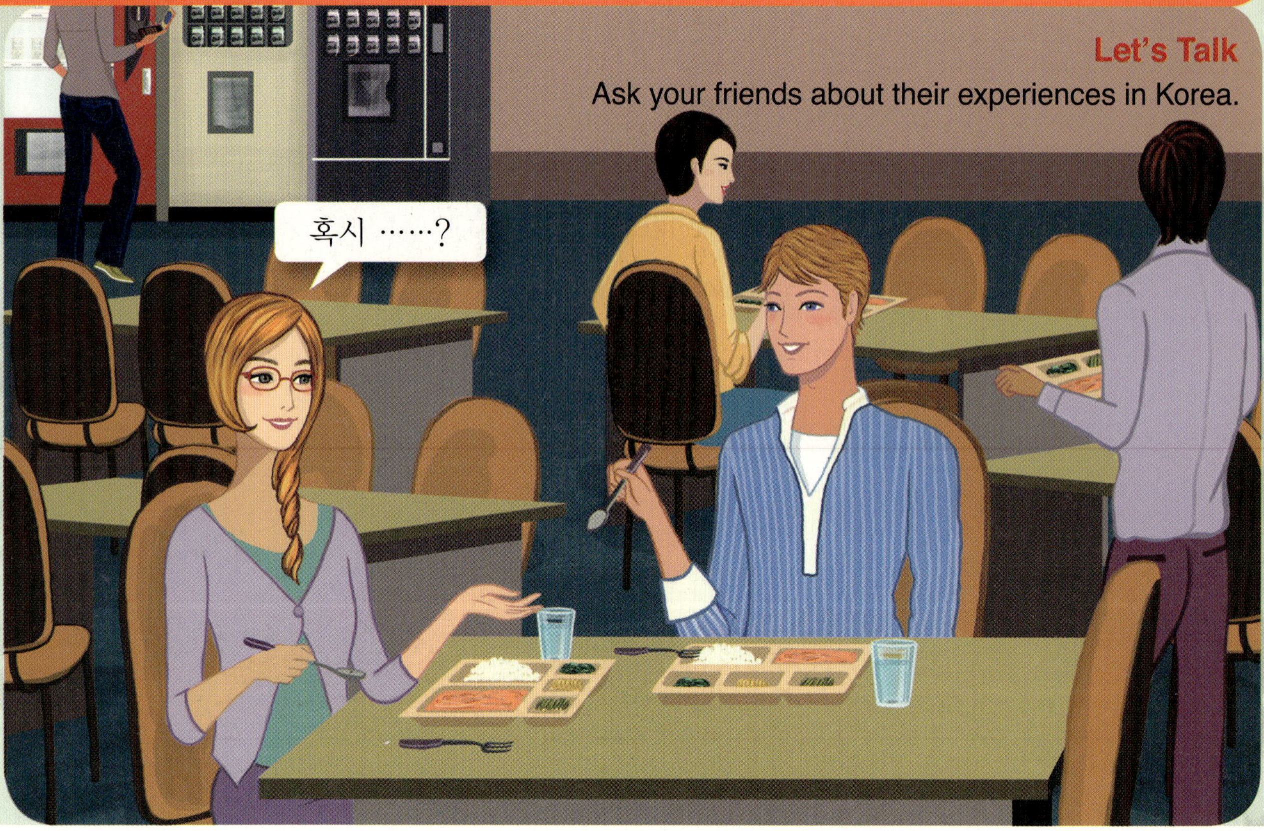

Let's Talk

Ask your friends about their experiences in Korea.

이리나   앤디 씨, 혹시 갈비 먹어 봤어요?
앤디   네, 먹어 봤어요. 이리나 씨는요?
이리나   못 먹어 봤어요.
앤디   그래요? 그럼 한번 먹어 보세요.
이리나   네, 앤디 씨가 좋은 식당을 좀 가르쳐 주세요.

 Practice the dialogue above replacing 렌핑's and 이리나's lines with the cue words below.

갈비를 먹다	좋은 식당을 가르치다
한국 노래를 듣다	좋은 노래를 추천하다
한국 책을 읽다	재미있는 책을 소개하다
비원에 가다	위치를 말하다
서울 구경을 하다	서울을 안내하다

Let's Try

Ask about your classmates' experiences, and answer their questions.

7과 과제

Where have you been? 어디에 가 봤어요?

Preparation:
You will ask about your classmates' experiences. On a sheet of paper, write down a few questions to ask your classmates.

Activity:
Meet your classmates, ask about their experiences and take notes.

Follow-up:
Who in your class had an interesting experience? Share your classmate's experience with the class.

유명한 사람을 만나 봤어요?

네, 만나 봤어요.

아니요, 못 만나 봤어요.

우리 반 학생 세 명이 유명한 사람을 만나 봤어요.

〈우리 반 인터뷰〉

유명한 사람을 만나 봤어요. 3명
유명한 사람을 못 만나 봤어요. 7명

7과

읽고말하기 | 수업 후에 불고기를 만들었습니다

Before Reading

- 여러분은 무슨 음식을 만들어 봤어요?

Reading

● 불고기를 만들고 싶어요. 무엇을 준비해야 해요?

완 씨는 지난주에 친구 미나 씨 집으로 이사했습니다. 그래서 미나 씨 가족하고 같이 삽니다. 저녁에 보통 나 같이 식사를 합니다. 미나 씨 어머니께서 요리를 아주 잘하셔서 날마다 맛있는 음식을 먹을 수 있습니다. 어제 저녁에는 불고기를 먹었습니다. 완 씨는 불고기가 정말 맛있어서 미나 씨 어머니께 부탁했습니다.

"불고기가 참 맛있어요. 어떻게 만들어요? 좀 가르쳐 주세요."

오늘 수업 후에 완 씨는 미나 씨 어머니하고 불고기를 만들었습니다. 먼저 간장에 설탕, 참기름, 파, 마늘을 넣고 섞었습니다. 그리고 소고기에 그 간장을 넣고 30분쯤 기다렸습니다. 그 다음에 고기를 구웠습니다. 아주 맛있었습니다.

미나 씨 어머니께서 말씀하셨습니다.

"완 씨, 잡채 먹어 봤어요? 다음에는 잡채를 가르쳐 줄게요."

완 씨는 한국 요리를 배울 수 있어서 아주 기뻤습니다. 방학 때 태국에서 친구들한테 한국 음식을 만들어 줄 겁니다.

7과 읽고말하기

가 Put the pictures in order.

(2) → (4) → (3) → (1)

고기를 구우세요.

간장에 설탕, 참기름, 파, 마늘을 넣으세요.

고기에 그 간장을 넣고 30분쯤 기다리세요.

그 간장을 고기에 넣으세요.

나 Ask and answer the questions.

1. 완 씨는 지금 어디에서 살아요? 미나 씨 집에서 살아요
2. 누가 완 씨한테 불고기를 가르쳐 줬어요? 미나 씨 어머니한테
3. 불고기를 어떻게 만들어요? 30분쯤 만들어요
4. 완 씨는 다음에 무슨 음식을 배울 거예요? 잡채
5. 완 씨는 누구한테 한국 음식을 만들어 줄 거예요? 태국 친구들한테

다 Listen carefully and repeat. 60

1. 미나 씨 어머니께서 요리를 아주 잘 하셔서 날마다 맛있는 음식을 먹을 수 있습니다.
2. 오늘 수업 후에 완 씨는 미나 씨 어머니하고 불고기를 만들었습니다.

라 Fill in the blanks with the most appropriate words.

완 씨는 지난주에 미나 씨 집으로 이사했어요. 미나 씨 가족 하고 같이 살아요. 미나 씨 어머니는 요리를 아주 잘하세요. 그래서 완 씨는 미나 씨 어머니께 요리를 배웠어요. 불고기를 만들었어요. 다음에는 미나 씨 어머니가 잡채를 가르쳐 주실 거예요. 완 씨는 방학 때 친구들한테 한국 음식을 만들어 줄 거예요.

7과 읽고말하기

After Reading

가 Talk with your classmates about the Korean food you have tried.

나 Write a paragraph about Korean food using what you discussed in '가' to help you.

저는 한국 음식을 먹어 봤어요.

7과

듣고말하기 | 비빔밥 하나만 갖다 주세요

Before Listening

- 배가 고파요. 하지만 시간이 없어서 식당에 갈 수 없어요.
  그럼 어떻게 해요?

7과 듣고 말하기

Listening  61·62

- 미에코 씨는 무슨 음식을 시키려고 해요?

가   Write "O" for True and "X" for False.

1. 지훈 씨는 미에코 씨한테 맛있는 식당을 소개했어요.   (X)
2. 서울 식당에 전화로 음식을 시킬 수 있어요.   (O)
3. 미에코 씨는 혼자 음식을 먹을 거예요.   (O)
4. 미에코 씨는 식사하러 서울 식당에 갔어요.   (X)
5. 미에코 씨는 비빔밥 2인분을 시켰어요.   (O)

나   Ask and answer the questions.

1. 지훈 씨는 미에코 씨한테 어느 식당을 소개해 줬어요?
   그 식당은 무슨 음식이 맛있어요?
2. 서울 식당은 배달이 돼요?
3. 미에코 씨는 서울 식당에 무엇을 시켰어요?
4. 미에코 씨는 왜 음식을 1인분만 시켰어요?
5. 1인분은 배달이 안 돼요. 미에코 씨는 어떻게 할까요?
   여러분의 생각을 말해 보세요.

7과 듣고말하기

다 Listen carefully and fill in the blanks. 63

미에코 : 그래요? 어디에 있어요?
지훈 : 온누리 약국 아세요?
미에코 : 네, 알아요.
지훈 : 온누리 약국 __옆__ 에 있어요.
       참! 그 집은 __배달__ 도 돼요.

라 Listen carefully and repeat. 64

1. 음, 글쎄요. 혹시 서울 식당에 가 보셨어요?
2. 전화번호 알아요? 좀 가르쳐 주세요.

마 Read the following summary, find the mistakes and correct them. (3 things)

지훈 씨는 서울 식당에 가 봤어요. 서울 식당은 일식집이에요. 특히 비빔밥이 아주 맛있어요. 그래서 미에코 씨한테 서울 식당을 소개해 줬어요. 미에코 씨는 비빔밥이 먹고 싶어서 서울 식당에 갔어요. 비빔밥 두 그릇을 시켰어요. 하지만 서울 식당 아저씨는 "하나 더 시키세요."라고 말했어요.

After Listening

가 Recommend your favorite restaurant to your classmates.

어느 식당이 맛있어요?   어디에 있어요?   뭐가 맛있어요?

나 Write a summary about what you discussed in '가'.

학습 목표

Grammar
1. A: 갈비 먹어 봤어요?
   B: 네, 먹어 봤어요.
2. A: 좋은 식당을 좀 가르쳐 주세요.
   B: 네, 알겠어요.

Vocabulary and Expressions

음식 Meal	재료 Ingredients	요리 방법 Cooking Instructions	맛 Tastes
● 갈비	● 간장	■ 굽다	▲ 달다
● 김치찌개	● 설탕	■ 넣다	▲ 맵다
● 불고기	● 참기름	■ 섞다	▲ 시다
● 비빔밥	● 파		▲ 쓰다
● 삼겹살	● 마늘		● 기름이 많다
● 잡채			

대화 Dialogues
- ● 숙제
- ● 위치
- ◆ 구경을 하다
- ◆ 이따가
- ◆ 이메일을 쓰다
- □ 가르쳐 주세요.
- □ 도와주세요.
- □ 말해 주세요.
- □ 빌려 주세요.
- □ 안내해 주세요.
- □ 여기요.
- □ 조금 이따가 도와줄게요.
- □ 추천해 주세요.

읽고말하기 Reading and Speaking
- ● 소고기
- ● 요리
- ■ 부탁하다
- ▲ 기쁘다
- ◆ 날마다
- ◆ 먼저
- ◆ 만들어 주다
- □ 어떻게 만들어요?

듣고말하기 Listening and Speaking
- ● 배달
- ● 약국
- ● 한식집
- ■ 시키다
- ◆ 갖다 주다
- ◆ 하나 더
- ◆ 한 그릇
- ◆ 혼자
- ◆ 2인분
- □ 참!
- □ 네? 왜요?
- □ 음, 글쎄요.
- □ 잠깐만요.
- □ 지금 배달 돼요?

In use   · Ask about the recipes for some Korean food you like.

8

말하기 수업이 제일 재미있었어요

학습 목표

말하기	문법 p140	-보다 (더) 제일
	대화 p142	거기 하숙집이지요? 제일 조용한 방이에요 방학 잘 보내세요
	과제 p145	하숙집을 찾아요
읽고말하기	p146	이제 한국말로 이야기할 수 있어요
듣고말하기	p150	월요일에 공항에서 만나요

8과

말하기 문법1 -보다 (더)

Focus

Practice Ask and answer the questions.

 버스하고 지하철 중에서 뭐가 더 빨라요?

 지하철이 버스보다 더 빨라요.

❶ 빠르다

❷ 덥다

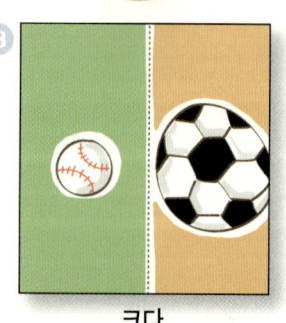
❸ 크다

❹ 무겁다

Activity Talk with your classmates.

(여름/겨울) 언제가 더 좋아요?

(불고기/갈비) 뭐가 더 맛있어요?

한국어 (말하기/듣기) 뭐가 더 어려워요?

(영화, 컴퓨터 게임) 뭘 더 좋아해요?

8과

제일 | 문법2 **말하기**

Focus

말하기 수업이 제일 많아요?

네, 말하기 수업이 **제일** 많아요.

Practice Ask and answer the questions.

한라산이 제일 높아요?

네, 한라산이 제일 높아요.

① 높다

② 싸다

③ 크다

④ 가깝다

Activity Talk with your classmates.

| 음식 중에서 뭐가 제일 맛있어요? | 영화배우 중에서 누가 제일 좋아요? |

| 어떤 운동을 제일 잘해요? | 봄하고 여름하고 가을하고 겨울 중에서 언제를 제일 좋아해요? |

8과

말하기 대화1 거기 하숙집이지요?

Let's Talk
Call a boarding house you saw in an ad.

거기 하숙집이지요?

앤디	여보세요. 거기 하숙집이지요?
아주머니	네, 맞아요.
앤디	광고 보고 전화했는데요, 지금 방이 있어요?
아주머니	네, 있어요.
앤디	위치가 어디예요?
아주머니	서강대 바로 앞이에요.
	…

 Practice the dialogue above replacing 앤디's and the land lady's lines with the cue words below.

위치가 어디예요?	서강대 바로 앞이에요.
방이 커요?	네, 방이 아주 커요.
시설이 좋아요?	네, 시설이 좋고 깨끗해요.
방이 조용해요?	네, 아주 조용해요.
저녁 식사할 수 있어요?	네, 저녁 시간은 다섯 시 반부터 일곱 시 반까지예요.

Let's Try

If you want to rent a room, what things would you ask about?

8과 제일 조용한 방이에요 대화2 말하기

Let's Talk

Visit a new boarding house, and ask to see the room for rent.

방 좀 구경할 수 있지요?

앤디	방 좀 구경할 수 있지요?
아주머니	그럼요. 어서 들어오세요.
앤디	방이 조용해요?
아주머니	네, 이 방이 제일 조용한 방이에요.
앤디	그럼 언제 이사할 수 있어요?
아주머니	언제든지 할 수 있어요.

 Practice the dialogue above replacing 앤디's lines with the cue words below.

> 조용하다
> 깨끗하다
> 따뜻하다
> 밝다

Let's Try

Compare your current house with a house you lived in before.

143

8과

말하기 대화3 방학 잘 보내세요

Let's Talk

Ask your classmate what they thought was the best part of the term.

뭐가 제일 좋았어요?

수잔 앤디 씨, 이번 학기는 어땠어요?
앤디 아주 좋았어요.
수잔 뭐가 제일 좋았어요?
앤디 말하기 수업이 재미있어서 좋았어요.
수잔 아, 그래요? 저도요.
　　 앤디 씨, 그럼 방학 잘 보내세요.
앤디 네, 다음 학기에 만나요.

Practice the dialogue above replacing 앤디's lines with the cue words below.

| 좋다 | 말하기 수업이 재미있다 |
| | 좋은 친구들을 많이 만나다 |

| 힘들다 | 숙제가 많다 |
| | 한국어 발음이 영어하고 다르다 |

Let's Try

Role-play a conversation like the one above.

144

8과 과제

I'm looking for a boarding house 하숙집을 찾아요

Preparation:
What kind of house do you want to live in?
Tick and fill in the following check list.

- ☐ 커요.
- ☐ 싸요.
- ☐ 밝아요.
- ☐ 깨끗해요.
- ☐ 조용해요.
- ☐ 시설이 좋아요.
- ☐ PC방이 가까워요.
- ☐ 인터넷을 할 수 있어요.
- ☐ 학교에서 가까워요.
- ☐ 지하철역이 가까워요.
- ☐ _____.
- ☐ _____.

Activity:

1. ① Divide into two groups: group A and group B.
   ② Group A: You are the owners of various boarding houses. Create a name for your boarding house, and decide on the price, location, facilities and merits of living there.
   ③ Group B: You are the people looking for a new boarding house. Think of questions to ask the owners when calling the boarding houses. Use the ready-made checklist in the Preparation step above to help you.
   ④ Each student in group B calls several boarding houses and asks his or her questions. Take notes while talking on the phone.

2. Students of group B look around the boarding houses and ask further questions.

그럼요. 어서 들어오세요.

실례합니다. 방 좀 구경할 수 있어요?

서강하숙집 — 방2, 거실, 방1, 욕실

Follow-up:
Which boarding house would you move to?
Why did you choose that boarding house?

8과 읽고말하기

이제 한국말로 이야기할 수 있어요

Before Reading

● 요즘 여러분은 어디에 자주 가요?

도서관

학교 식당

체육관

커피숍

쇼핑 센터

Reading

- 앤디 씨가 한국 생활을 소개했어요. 어디를 소개했어요?

☐ 교실   ☐ 사무실   ☐ 체육관   ☐ 하숙집   ☐ 식당

앤디의 한국 이야기

| 블로그 소개 | 앤디이야기 | SEOUL | SANFRANCISCO | VISITORS |

앤디 한국을 배우다

저는 세 달 전에 한국어를 배우러 한국에 왔어요. 지금이 세 달 전보다 더 재미있어요. 제가 한국 생활을 소개할게요. 저는 요즘 여기에 자주 가요.

여기는 우리 학교예요. 여기에서 한국어 공부를 시작했어요. 교실 왼쪽에 선생님이 계세요. 김 선생님은 우리 학교에서 제일 예쁘고 재미있는 선생님이에요. 한스 씨는 우리 반 학생 중에서 제일 재미있지만 지각을 자주 해요. ^ ^;; 수잔 씨는 아주 바쁜 학생이에요. 렌핑 씨는 학교에 제일 일찍 오고 공부도 열심히 해요. 이제 친구들하고 한국말로 이야기할 수 있어서 정말 좋아요.

여기는 체육관이에요. 점심 식사 후에 여기서 태권도를 배워요. 저는 운동 중에서 태권도를 제일 좋아해요. 태권도를 할 때 기분이 아주 좋아요.

여기는 제 하숙집이에요. 여기서 세 달 동안 살았어요. 하숙집이 너무 멀어서 이번 방학에 이사할 거예요. 새 하숙집은 지금 하숙집보다 학교에서 더 가까워요. 그리고 방도 지금 하숙집보다 더 넓어서 마음에 들어요. 하숙집 생활은 조금 불편하지만 한국 문화를 배울 수 있어서 좋아요.

이번 학기가 다음 주에 끝나요. 방학 때 이사하고 여행할 거예요. 한국어 복습도 많이 하려고 해요. 나중에 다음 학기 생활도 소개할게요.

↳ Re: 한스   앤디 씨. 요즘은 제가 렌핑 씨보다 학교에 더 일찍 와요. ㅜ.ㅜ
↳ Re: 제니   앤디 씨. 저도 다음 주에 한국에 가요. 전화할게요.~ *^ ^*

8과 읽고말하기

가 Write "O" for True and "X" for False.

1. 앤디 씨는 세 달 동안 한국에서 살았어요. (O)
2. 앤디 씨는 태권도를 배우러 한국에 왔어요. (X)
3. 렌핑 씨는 자주 지각하지만 공부를 열심히 해요. (X)
4. 앤디 씨는 운동 중에서 태권도를 제일 좋아해요. (O)
5. 앤디 씨 하숙집이 너무 멀어서 이번 방학 때 이사할 거예요. (O)

나 Ask and answer the questions.

1. 앤디 씨 반 선생님이 어때요?
2. 앤디 씨는 체육관에서 뭐 해요?
3. 앤디 씨의 새 하숙집이 어때요?
4. 앤디 씨는 언제부터 방학이에요? 방학 때 뭐 할 거예요?
5. 앤디 씨의 반 친구를 소개해 보세요.

> **다** Listen carefully and repeat. 🔘 69
> 1. 김 선생님은 우리 학교에서 제일 예쁘고 재미있는 선생님이에요.
> 2. 하숙집 생활은 조금 불편하지만 한국 문화를 배울 수 있어서 좋아요.

라 Fill in the blanks with the most appropriate words.

앤디 씨는 한국어를 배우러 세 달 전에 한국에 왔어요. 오전에 한국어를 공부하고 오후에는 태권도를 배워요. 앤디 씨는 하숙집에서 살아요. 하숙집 _생활_ 은 불편하지만 한국 문화를 배울 수 있어서 좋아요. 그런데 지금 하숙집이 너무 멀어서 이사할 거예요. 새 하숙집이 지금 하숙집보다 더 가까워요. 그래서 _마음에 들어요_.

8과 읽고 말하기

After Reading

가   Talk about your experiences in studying Korean and your life these days.

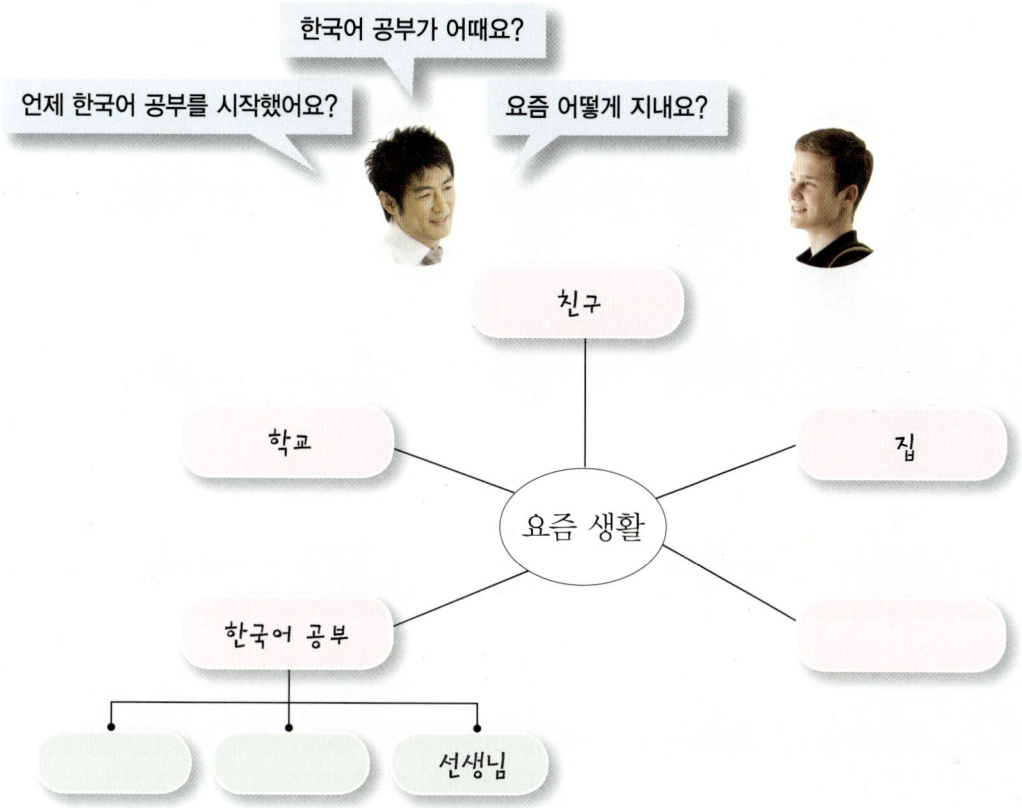

나   Write a summary of what you discussed in '가'

저는 요즘 한국어를 배워요.

8과

듣고말하기: 월요일에 공항에서 만나요

Before Listening

● 여러분은 다른 나라에 갈 때 무엇을 준비해요?

8과 듣고말하기

Listening 🎧 70·71

● 앤디 씨는 제니 씨한테 무엇을 부탁했어요?

가 Write "O" for True and "X" for False.

   1. 제니 씨는 다음 주에 시드니에 도착할 거예요.   (X)
   2. 앤디 씨는 제니 씨를 만나러 공항에 갈 거예요.   (O)
   3. 서울이 시드니보다 더 더워요.   (X)
   4. 제니 씨는 앤디 씨한테 영어 책을 사다 줄 거예요. (O)
   5. 전자사전 가격은 시드니가 한국보다 더 싸요.   (X)

나 Ask and answer the questions.

   1. 제니 씨는 언제 한국에 도착해요?
   2. 제니 씨는 왜 두꺼운 옷을 꼭 가지고 와야 해요?
   3. 앤디 씨는 제니 씨한테 무엇을 부탁했어요? 왜요?
   4. 앤디 씨가 왜 "전자사전은 한국에서 사세요."라고 했어요?
   5. 두 사람은 어디에서 만날 거예요?

151

8과 듣고말하기

다 Listen carefully and fill in the blanks.

제니 : 다음 주 _____ 아침 아홉 시에 출발해요.
앤디 : 한국 시간 아홉 시요?
제니 : 아니요. 시드니 시간 아홉 시에 출발해요. 그리고
      한국 시간으로 저녁 여섯 시에 _____.

라 Listen carefully and repeat.
1. 그런데 제니 씨, 준비 다 했어요?
2. 그때 봐요.

마 Read the following summary, find the mistakes and correct them. (3 things)

제니 씨는 다음 주에 한국에 올 거예요. 요즘 서울 날씨가 더워서 짧은 바지를 가지고 와야 해요. 그리고 영어 책도 가지고 와야 해요. 왜냐하면 앤디 씨가 요즘 영어를 배워서 제니 씨한테 부탁했어요. 하지만 전자사전은 한국에서 살 거예요. 왜냐하면 전자사전 가격은 서울이 시드니보다 더 싸요.

After Listening

가 Ask your classmate about what you have to bring if you visit his/her country.

무엇을 가지고 가야 해요?   왜 그것을 가지고 가야 해요?

나 Write a summary about what you discussed in '가'.

Grammar

1. A : 새 하숙집은 조용해요?
   B : 네, 지금 하숙집보다 조용해요.

2. A : 방이 깨끗해요?
   B : 네, 이 방이 제일 깨끗한 방이에요.

Vocabulary and Expressions

집 House
- 방
- 위치
- 하숙집
- 이사하다
- 가깝다 ↔ 멀다
- 크다 ↔ 작다
- 따뜻하다 ↔ 춥다
- 조용하다 ↔ 시끄럽다

대화 Dialogues
- 광고
- 발음
- 다르다
- 걸어서
- 바로 앞
- 방을 구경하다
- 언제든지

- 인터넷을 하다
- 그럼요.
- 어서 들어오세요.
- 위치가 어디예요?

읽고말하기 Reading and Speaking
- 문화
- 반
- 체육관
- 학기
- 이제
- 자주
- 세 달 전
- 마음에 들다
- 소개하다
- 지각을 하다

듣고말하기 Listening and Speaking
- 가격
- 공항
- 기다리다
- 도착하다
- 사다주다
- 출발하다
- 두꺼운 옷
- 아이들
- 한국 시간
- 그때 봐요.
- 정말요?
- 준비 다 했어요?
- 참!

In use
- Describe the house you are currently living in.
- Talk about your life these days.

Appendices 부록

Script 듣고말하기 대본
English Translation 영어 번역
CD Contents 트랙 목차

Listening Script 듣고말하기 대본

① p 31 7·8

유럽에 여행 갈 거예요

앤디 : 미나 씨, 이번 방학 때 뭐 할 거예요?
미나 : 유럽에 여행 갈 거예요.
앤디 : 혼자 여행 갈 거예요?
미나 : 네. 그런데 파리에 친구가 있어요.
　　　그래서 친구 집에 있을 거예요.
앤디 : 파리에서 뭐 할 거예요?
미나 : 박물관에 갈 거예요.
앤디 : 박물관요? 그리고 또 뭐 할 거예요?
미나 : 파리 구경도 할 거예요. 그리고 쇼핑도 하고 싶어요.
앤디 : 파리에만 있을 거예요?
미나 : 아니요, 이탈리아에도 갈 거예요.
앤디 : 이탈리아에서는 어디에 갈 거예요?
미나 : 베네치아요. 베네치아에서 배를 타고 싶어요.
　　　그리고 사진도 많이 찍을 거예요.
앤디 : 그럼 나중에 사진을 보여 주세요.
미나 : 네, 좋아요.
앤디 : 여행 잘 다녀오세요.
미나 : 감사합니다.

② p 49 16·17

모자 좀 보여 주세요

점원 : 어서 오세요. 뭐 찾으세요?
미나 : 지갑 좀 보여 주세요.
점원 : 이 지갑 어때요?
미나 : 음, 좀 작은 지갑은 없어요?
점원 : 그럼, 이거 어때요?
미나 : 너무 커요. 죄송합니다. 다음에 다시 올게요.
　　　　…
점원 : 모자 찾으세요?
미나 : 네.
점원 : 예쁜 모자가 많아요. 한번 써 보세요.
미나 : 이 모자는 얼마예요?
점원 : 15,000원이에요.
미나 : 다른 색은 없어요?
점원 : 네, 없어요.
미나 : 그래요? 색이 마음에 들지 않아요. 다음에 다시 올게요.
　　　　…
미나 : 여기요. 이 짧은 바지 얼마예요?
점원 : 38,000원이에요.
미나 : 긴 바지는 얼마예요?
점원 : 긴 바지는 50,000원이에요. 한번 입어 보세요.
미나 : 긴 바지가 마음에 들어요. 이거 주세요.
점원 : 현금으로 하실 거예요? 카드로 하실 거예요?
미나 : 카드로요.
점원 : 사인하세요.
　　　여기 있습니다. 또 오세요.
미나 : 네, 안녕히 계세요.

③ 지난주에 왜 학교에 안 오셨어요?

p 65
25·26

선생님 : 들어오세요.
앤디 : 안녕하세요? 선생님.
선생님 : 안녕하세요? 앤디 씨, 지난주에 왜 학교에 안 오셨어요?
앤디 : 많이 아팠어요.
선생님 : 어디가 아프셨어요?
앤디 : 열이 많이 났어요. 그리고 목도 많이 아팠어요.
선생님 : 지금은 괜찮으세요?
앤디 : 아니요, 아직 목이 좀 아파요.
선생님 : 병원에는 가셨어요?
앤디 : 네, 집 근처 내과에 갔어요. 그런데 아직 안 나았어요.
선생님 : 그래요? 따뜻한 물을 많이 드세요. 그리고 푹 쉬세요.
앤디 : 네, 알겠어요.
선생님 : 그런데 앤디 씨, 다음 주에 시험을 볼 거예요.
앤디 : 시험요? 어떻게 해요? 저는 공부 안 했어요.
선생님 : 걱정하지 마세요. 내일 복습할 거예요.
  앤디 씨, 내일 학교에 꼭 오세요.
앤디 : 시험이 다음 주 언제예요?
선생님 : 월요일이에요.
앤디 : 네, 알겠어요. 선생님, 안녕히 계세요.
선생님 : 안녕히 가세요, 앤디 씨. 빨리 나으세요.

④ 요즘 테니스를 배워요

p 83
34·35

완 : 안녕하세요, 한스 씨? 지금 어디에 가세요?
한스 : 테니스장에 가요. 제가 요즘 테니스를 배워요.
완 : 아, 그래요? 테니스를 언제 시작하셨어요?
한스 : 지난달에 시작했어요.
완 : 어디에서 배우세요?
한스 : 회사 근처 테니스장에서요.
완 : 그 테니스장이 어때요?
한스 : 참 좋아요. 그리고 선생님도 친절하세요.
완 : 1주일에 몇 번 가야 돼요?
한스 : 1주일에 세 번요.
완 : 보통 테니스장에 언제 가세요?
한스 : 아침 일찍 가거나 퇴근 후에 가요. 왜요?
완 : 제가 테니스를 칠 줄 몰라요. 그래서 저도 테니스를 좀 배우고 싶어요.
한스 : 그러세요? 그럼 다음에 같이 가요.
완 : 네, 그때 선생님을 소개해 줄 수 있어요?
한스 : 그럼요. 완 씨, 내일은 어때요?
완 : 좋아요. 같이 가요. 몇 시에 만나요?
한스 : 음, 내일 저녁 여섯 시에 신촌 역 2번 출구에서 만나요.
완 : 알았어요. 그럼 내일 만나요.

Listening Script 듣고말하기 대본

⑤ 이번 휴가 때 같이 갈까요?

p 101
43·44

수잔 : 한스 씨, 이번 휴가 때 뭐 할 거예요?
한스 : 글쎄요. 아직 특별한 계획은 없어요. 수잔 씨는요?
수잔 : 저는 친구들하고 제주에 갈 거예요.
한스 : 제주도요? 제주도가 어떤 곳이에요?
수잔 : 유명한 섬이에요. 한국 남쪽에 있어요.
한스 : 제주도가 좋아요?
수잔 : 네, 경치가 아주 아름다워요. 특히 바다 경치가 아주 아름다워요.
한스 : 아, 그래요? 저도 한번 가 보고 싶어요.
수잔 : 그럼 이번 휴가 때 같이 갈까요? 제가 친구들한테 이야기할게요.
한스 : 좋아요. 그런데 제주도에서 뭐 할 거예요?
수잔 : 제주도 관광하고 등산할 거예요.
한스 : 비행기 표는 얼마예요?
수잔 : 글쎄요. 그건 잘 모르겠어요.
　　　우리 인터넷으로 찾아볼까요?
한스 : 네, 좋아요. 같이 찾아봐요.

⑥ 길이 너무 막혀서 늦었어요

p 119
52·53

미나 : 앤디 씨, 왜 늦었어요?
앤디 : 미안해요, 미나 씨. 길이 너무 막혀서 늦었어요.
미나 : 앤디 씨, 금요일 오후에는 차가 많아요. 왜 지하철을 안 탔어요?
앤디 : 버스 정류장이 집에서 가까워서 저는 보통 버스를 타요.
미나 : 그럼 왜 전화를 안 했어요?
앤디 : 미안해요, 미나 씨.
　　　핸드폰이 없어서 전화를 못 했어요.
미나 : 앤디 씨, 길에 공중전화도 많아요.
앤디 : 미안해요, 미나 씨. 동전이 없어서 전화를 못 했어요.
미나 : 아! 그런데 제 생일 파티에는 왜 안 왔어요?
앤디 : 정말 미안해요, 미나 씨. 배가 아파서 파티에 못 갔어요.
　　　그래서……
미나 : 그래서, 뭐요?
앤디 : 제가 오늘 선물을 가지고 오려고 했어요.
미나 : 그런데요?
앤디 : 생일 카드를 못 써서…….
미나 : 괜찮아요, 앤디 씨.
앤디 : 그런데 다른 선물이 있어요.
미나 : 아! 그래요? 뭐예요?
앤디 : 여기 있어요.
미나 : 네? 어디에 있어요?
앤디 : 여기요. 제가 선물이에요.
미나 : 네?

⑦ 비빔밥 하나만 갖다 주세요

p 135
61·62

미에코 : 지훈 씨!
지훈 : 네, 왜요?
미에코 : 이 근처에 맛있는 식당이 있어요?
지훈 : 음, 글쎄요. 혹시 서울 식당에 가 보셨어요?
미에코 : 아니요, 못 가 봤어요. 한식집이에요?
지훈 : 네, 한식집이에요. 특히 김치찌개하고 비빔밥이 맛있어요.
미에코 : 그래요? 어디에 있어요?
지훈 : 온누리 약국 아세요?
미에코 : 네, 알아요.
지훈 : 온누리 약국 옆에 있어요. 참! 그 집은 배달도 돼요.
미에코 : 전화번호 알아요? 좀 가르쳐 주세요.
지훈 : 잠깐만요. 705-7634예요.
미에코 : 고마워요.

…

아저씨 : 네, 서울 식당입니다.
미에코 : 지금 배달 돼요?
아저씨 : 네, 됩니다. 어디세요?
미에코 : 삼성 아파트 2동 904호예요.
　　　　 비빔밥 하나만 갖다 주세요.
아저씨 : 비빔밥 한 그릇은 배달이 안 돼요.
미에코 : 저 혼자 먹을 거예요. 좀 배달해 주세요.
아저씨 : 하나 더 시키세요.
미에코 : 2인분은 너무 많아서…….

⑧ 월요일에 공항에서 만나요

p 151
70·71

앤디 : 여보세요?
제니 : 여보세요, 앤디 씨?
앤디 : 네, 저예요.
제니 : 앤디 씨, 저 제니예요.
앤디 : 아, 제니 씨! 전화 기다렸어요. 언제 한국에 와요?
제니 : 다음 주 월요일 아침 아홉 시에 출발해요.
앤디 : 한국 시간 아홉 시요?
제니 : 아니요, 시드니 시간 아홉 시에 출발해요.
　　　 그리고 한국 시간으로 저녁 여섯 시에 도착할 거예요.
앤디 : 그럼 제니 씨, 월요일에 공항에서 만나요. 제가 갈게요.
제니 : 정말요? 감사합니다.
앤디 : 참! 제니 씨, 두꺼운 옷 꼭 가지고 오세요.
제니 : 왜요?
앤디 : 서울이 시드니보다 더 추워요.
제니 : 네, 알겠어요. 앤디 씨는 뭐 필요한 거 없어요?
앤디 : 음, 글쎄요. 아! 영어 책 좀 사다 줄 수 있어요?
제니 : 영어 책요?
앤디 : 네, 제가 한국 아이들한테 영어를 가르쳐요.
　　　 그래서 좋은 영어 책이 필요해요.
제니 : 네, 알겠어요. 또 필요한 거 없어요?
앤디 : 없어요, 그런데 제니 씨, 준비 다 했어요?
제니 : 아니요, 사전이 없어서 내일 사전을 사러 갈 거예요.
앤디 : 혹시 전자사전 살 거예요?
제니 : 네.
앤디 : 제니 씨, 전자사전은 한국에서 사세요.
　　　 전자사전 가격은 한국이 호주보다 더 싸요.
제니 : 그래요? 알겠어요. 고마워요.
앤디 : 그럼 제니 씨, 공항에서 만나요.
제니 : 네, 그때 봐요.

Unit 1

I'm going to travel.

p 22 2   Conversation 1

Lenping	On Saturday, I am going to go hiking. Are you able to go with me?
Irina	Yes, that sounds good. Let's go together.
Lenping	On Saturday, I am going to go hiking. Are you able to go with me?
Irina	(apologetic) I'm sorry. I have another appointment Saturday afternoon.
Lenping	(disappointed tone of voice) I understand.
Irina	(very apologetic) I'm really sorry.
Lenping	That's OK.

p 23 3   Conversation 2

Andy	Where is this place? It's really great.
Sora	It's Jeju Island. This vacation, I'm going to visit Jeju Island.
Andy	Jeju Island? How's the weather there?
Sora	It's really nice.
Andy	Really? I want to go to Jeju Island, too.

p 24 4   Conversation 3

Lenping	Susan, when is your vacation?
Susan	From this Friday until next Tuesday.
Lenping	What are you going to do for your vacation?
Susan	I'm going to visit Busan.
Lenping	Really? What are you going to do in Busan?
Susan	I'm going to take pictures.

**p 27 5   Reading and Speaking –
To the mother I miss**

To the mother I miss

Mother, how are you? I am doing well in Seoul. Life in Seoul is very interesting. I have many friends. Studying at school is also very interesting.

But my boarding house is a bit uncomfortable. Because I am not able to cook at the boarding house. And the boarding house is very far from the school. So I am going to move next week. I am going to live at my friend, Mina's house. Mina is a very good friend. Her family is kind, too. And Mina's house is very close to the school. It takes five minutes on foot. I will be able to practice speaking Korean at Mina's house. And I will be able to learn Korean cooking, too. I want to move to Mina's house quickly. Mother, I really miss you. This term ends one month from now. During vacation, I am going to return to Bangkok. I will meet you then. Goodbye.

May 16th

Wan

**p 31 7   Listening and Speaking-
I'm going to travel around Europe.**

Andy	Mina, what are you going to do this vacation?
Mina	I'm going to travel around Europe.
Andy	Are you going to travel alone?
Mina	Yes. But I have a friend in Paris. So I'm going to be at my friend's house.
Andy	What are you going to do in Paris?
Mina	I'm going to go to museums.
Andy	Museums? What else are you going to do?
Mina	I'm going to do some sightseeing around Paris, too. And I want to go shopping as well.
Andy	Are you only going to be in Paris?
Mina	No, I'm also going to go to Italy.
Andy	Where are you going to go in Italy?
Mina	Venice. I want to ride a gondola in Venice. And I'm going to take a lot of pictures, too.
Andy	Then, please show me your pictures later.
Mina	Sure.
Andy	Have a good trip.
Mina	Thank you.

Unit 2

Please try on this.

p 39 11   Conversation 1

Woman	Welcome.
Andy	Please give me some apples. How much are they?
Woman	They are 3 for 5,000 won.
Andy	Do they taste good?
Woman	Yes. They are very delicious apples.
Andy	Then, please give me 10,000won worth.

p 40 12   Conversation 2

160

Wan	Please show me the electronic dictionaries.		Mina	Um, aren't there any small wallets?
Clerk	Electronic dictionaries? How about this one?		Clerk	Then, how about this one?
Wan	It's a bit big. Isn't there a smaller one?		Mina	It's quite big. I'm sorry. I'll come back again.
Clerk	Then, how about this one?		Clerk	Are you looking for a hat?
Wan	It's good. Please give me this one.		Mina	Yes.

p 41 13   Conversation 3

Clerk	Welcome. What are you looking for?
Mina	Could you show me some pants, please?
Clerk	How are these pants? Please try them on.
Mina	Ok.
Mina	How do they look on me?
	Aren't they a bit big for me?
Clerk	They're not too big. The fit you well.

p 44 14   Reading and Speaking –
Wow! She's a beautiful woman

Waiter	What would you like?
Sangwoo	Please give me one bibimbap
Waiter	How many people are there?
Irina	One person.
Irina	Wow! There are a lot of people.
	By any chance is this a famous restaurant?
Sangwoo	Wow! Long hair, short skirt …
	Wow! She's a beautiful woman.
	I like beautiful women.
Irina	Everyone is eating the same food.
	By any chance is it delicious?
Sangwoo	Did the pretty woman come alone?
	Doesn't she have a boyfriend?
Irina	The food smells delicious.
	I want to eat that food, too.
Sangwoo	The pretty woman is looking this way.
Irina	I want to know the name of that delicious food.
Sangwoo	The pretty woman is staring at me continuously.
	By any chance, does she like me?
Irina	Um….What's the name?
Sangwoo	Pardon? Kim SangWoo.
Irina	Ah! This food is called Kim SangWoo?
Sangwoo	No, no. This is bibimbap

p 49 16   Listening and Speaking –
Please show me the hats

Clerk	Welcome. What are you looking for?
Mina	Please show me the wallets.
Clerk	How is this wallet?

Clerk	We have many beautiful hats. Please try one on.
Mina	How much is this hat?
Clerk	It's fifteen thousand won.
Mina	Isn't there another colour?
Clerk	No, there isn't.
Mina	Really? I don't really like this colour.
	I'll come back again, next time.
Mina	Excuse me, how much are these short pants?
Clerk	They're 38,000 won.
Mina	How much are the long pants?
Clerk	The long pants are 50,000 won. Please try them on.
Mina	I like the long pants. Please give me these ones.
Clerk	Are you going to pay by cash?
	Are you going to pay by card?
Mina	By card.
Clerk	Please sign. Here you are. Please come again.
Mina	Yes, goodbye.

Unit

3

How are you doing these days?

p 56 20   Conversation 1

Co-worker	Susan, you don't look well. Are you ill?
Susan	Yes, my stomach hurts.
Co-worker	Did you take some medicine?
Susan	No, I haven't taken any, yet.
Co-worker	Then, please take some medicine.
Susan	Yes, I will. Thank you.

p 57 21   Conversation 2

Co-worker	Are you not feeling well?
	(literally: Do you hurt somewhere?)
Susan	No, I have a fever.
Co-worker	Did you catch a cold?
Susan	Yes, I did.
Co-worker	Then go home early today.
	And make sure you get some rest.

161

Susan	Yes, thank you.		Andy	When is the test next week?
			Teacher	It's on Monday.
p 58 22	**Conversation 3**		Andy	Ok, I understand. Goodbye, teacher
Minsu	When did you come to Korea?		Teacher	Goodbye, Andy. Get better soon.
Susan	I came to Korea 2 months ago.			
Minsu	Is life in Korea interesting?			
Susan	Yes, it is.			
Minsu	Really? Do you have many Korean friends?			
Susan	Yes, I have many Korean friends.			

Unit

I know how to swim.

p 61 23	**Reading and Speaking –**
	My father is reading a book.

Today is Sunday. On Sunday mornings my family usually goes to a park near our house. We walk and exercise there. But today the weather is not good. It is raining. And the wind is blowing strongly. So we are all in the house.

I am writing an email to my friend. My best friend went to Spain to study. That friend is waiting for my email. My sister is in the living room ironing her clothes. She has a date this afternoon. My father is in the living room, too. He is reading a book. My father really likes books. My grandmother is in her room sleeping. These days, her health is not good. My mother is in the kitchen, now. She is preparing a delicious snack in the kitchen. Soon my family will be able to eat a delicious snack.

p 65 25	**Listening and Speaking –**
	Why didn't you come to school last week?
Teacher	Please come in.
Andy	Hello, teacher.
Teacher	How are you?
	Andy, why didn't you come to school last week?
Andy	I was very sick.
Teacher	What was wrong?
Andy	I had a high fever. And my throat was very sore.
Teacher	Are you ok, now?
Andy	No. My throat is still a little sore.
Teacher	Did you go to the doctor's office?
Andy	Yes, I went to a doctor's office near my house.
	But it isn't better, yet.
Teacher	Really? Please drink a lot of warm water.
	And get some rest.
Andy	Yes, I will. (literally: Yes, I understand.)
Teacher	Andy, next week we have a test.
Andy	A test? Oh, what should I do? I didn't study.
Teacher	Don't worry. We're going to do some review
	tomorrow. Andy, be sure to come tomorrow.

p 74 29	**Conversation 1**
Mieko	When you have free time, what do you do?
Andy	I exercise or listen to music.
Mieko	What kind of exercise do you like?
Andy	I like Taekwondo.

p 75 30	**Conversation 2**
Hans	Susan, how have you been these days?
Susan	I have been well.
	Lately I have been learning tennis.
Hans	Oh, really?
Susan	Do you know how to play tennis?
Hans	Yes, I know how to play.
Susan	Then, let's play tennis together later.
Hans	Good idea.

p 76 31	**Conversation 3**
Teacher	Hans, why didn't you come to learn tennis
	yesterday?
Hans	I had a lot of work yesterday.
	So I had to work at the office.
Teacher	Then, are you able to come to today?
Hans	No, I have to work today, too. I'm sorry.

p 79 32	**Reading and Speaking –**
	I speak English very well.
	Personal Introduction

Ji Hun Kim

I am Ji Hun Kim. I want to work at an international trading company.

My major was international trade. So, during every vacation I worked part-time at an international trading company. I speak English well. I have studied English very hard since high school. When I was in my first year of university, I studied English in the United States for one year. I can also write letters in English well. I attended a Japanese institute for one year. So I know how to speak Japanese. I can use a computer well, too. I know how to use many computer programs. Of course, I can drive well, too. I really want to work at Sogang Internatinal trading company.

NOTE
잘부탁드립니다 literally translates to 'Do me a favour, please'. It is commonly used at the end of an introduction letter or when introducing yourself to a group of people as a polite greeting.

p 83 34   **Listening and Speaking – I'm learning how to play tennis these days.**

Wan   Hello, Hans. Where are you going?
Hans   I'm going to the tennis courts.
       I'm learning how to play tennis these days.
Wan   Oh, really? When did you start playing tennis?
Hans   I started last month.
Wan   Where are you learning?
Hans   At some tennis courts near my office.
Wan   How are those tennis courts?
Hans   Quite good. And the teacher is kind.
Wan   How many times do you have to go a week?
Hans   3 times a week.
Wan   What time do you usually go to the tennis courts?
Hans   I go early in the morning or after work. Why?
Wan   I don't know how to play tennis.
       So I want to learn how to play tennis, too.
Hans   Really? Then, let's go together next time.
Wan   Ok, can you introduce me to the teacher
       at that time?
Hans   Of course. (Suddenly remembering something)
       Ah, Wan, how's tomorrow?
Wan   It's good. Let's go together.
       What time should we meet?
Hans   Um…Meet me at 6 o'clock tomorrow evening
       at exit 2 of Sinchon station.
Wan   Ok. See you tomorrow.

Unit

Shall we go watch a movie together?

p 92 38   **Conversation 1**

Lenping   Irina, what are you doing after class today?
Irina   Hmm…I don't know, yet.
Lenping   Then shall we go play ping pong together?
Irian   Good idea. Let's go play ping pong.

p 93 39   **Conversation 2**
Andy   Sora, do you have any free time tomorrow?
Sora   Yes, I do.
Andy   Really? Then, shall we watch a movie together?
Sora   Good idea. Let's watch a movie and have dinner.

p 94 40   **Conversation 3**
Andy   Mina, are you busy this Saturday?
Mina   Why?
Andy   Shall we go watch a movie together?
       I want to see a movie with you.
Mina   I'm sorry. I have to work (at my part-time job)
       on Saturday.
Andy   Really? Then, let's go to watch a movie next time.

p 97 41   **Reading and Speaking –
He went to Hanul Park with his friends.**

Andy went on a spring field trip, yesterday. He went to Hanul Park with his friends. Hanul Park was wide and had many trees. And the flowers were beautiful, too.
There, Andy and his friends ate delicious food and talked. After that they walked around the park and took many pictures. And they all played a game together. Andy's team won. So the received many prizes.
Mina said, "Andy, Hanul Park is very nice. Shall we come again next Saturday?"
Andy replied, "Yes, that's a good idea. But next time let's come just the two of us."

p 101 43   **Listening and Speaking –
Shall we go together this vacation?**

Susan   Hans, What are you going to do this vacation?
Hans   Well, I don't have any special plans, yet.
        What about you Susan?
Susan   I am going to Jeju Island with some friends.
Hans   Jeju Island? What kind of place is Jeju Island?
Susan   It's a famous island.
        It's in the Southern part of Korea.
Hans   Is Jeju Island nice?
Susan   Yes, the scenery is very beautiful.
        The view of the sea is especially beautiful.

163

Hans	Oh, really? I'd like to go there, too.
Susan	Then, shall we go together this vacation? I will speak to my friends.
Hans	Great. But what are you going to do on Jeju Island?
Susan	We are going to do some sightseeing and hiking around Jeju Island.
Hans	How much are the plane tickets?
Susan	Well, I'm not sure. Shall we try to find some on the internet?
Hans	Yes, good idea. Let's look together.

Unit

I was sick, so I couldn't go there.

p 109   47   Conversation 1

Andy	Did you meet your friend yesterday?
Mina	No, I couldn't meet her/him.
Andy	Why couldn't you meet her/him?
Mina	My friend was really busy so she/he couldn't meet me.

p 110   48   Conversation 2

Andy	From tomorrow, I play to exercise in the morning.
Mina	Why?
Andy	Because lately my health hasn't been good.
Mina	Really? Then be sure to start exercising from tomorrow.

p 111   49   Conversation 3

Co-worker	Susan, did you make the document?
Susan	No, I haven't made it yet.
Co-worker	Why not?
Susan	I didn't have time so I wasn't able to make it.
Co-worker	Then, when will you make it?
Susan	I plan to make it by 3 o'clock today.

p 115   50   Reading and Speaking – I plan to watch the soccer game, too.

Hans came home early today. At 7:00 pm there is a soccer game on television. It's a Korea-Germany game. Hans likes soccer so he really wanted to watch the game. But Hans's television broke. Hans called the repair shop. (A/S center)

"Sir, my television broke. Can you come and fix it before 6:00 pm tonight?"

"Yes, I will go there before 6:00 pm."

Hans was very happy. But at 5:30 the man from the repair shop called.

"Hello, this is the repair shop. Hans, I'm really sorry. I have a lot of other work so I can't get there before 6:00."

"Pardon? What should I do? I really wanted to watch the soccer game tonight. It's the Korea-Germany game."

"I plan to watch that game tonight, too."

Hans was able to watch the game. Germany won so Hans was very happy.

p 119   52   Listening and Speaking – The traffic was terrible so I'm late.

Mina	Andy, why are you late?
Andy	I'm sorry, Mina. The traffic was terrible so I'm late.
Mina	Andy, on Friday afternoons there are a lot of cars (on the road). Why didn't you take the subway?
Andy	The bus stop is close to my house so I usually take the bus.
Mina	Then, why didn't you call?
Andy	I'm sorry, Mina. I don't have a cell phone so I couldn't call.
Mina	Andy, there are many public phones on the street.
Andy	I'm sorry, Mina. I don't have any coins so I couldn't call.
Mina	Ah! Why didn't you come to my birthday party?
Andy	I'm really sorry, Mina. My stomach was really upset so I couldn't go. So…
Mina	So, what?
Andy	I planned to bring your birthday present today.
Mina	And?
Andy	I didn't write your birthday card, so…
Mina	That's Ok, Andy.
Andy	But I have another gift.
Mina	Ah! Really? What is it?
Andy	Here it is.
Mina	Pardon? Where is it?
Andy	Here. I am your present.
Mina	What?

Unit 7

I have eaten Korean food.

p 126　56　**Conversation 1**
Andy　　Sora, um…
Sora　　Yes? What would you like?
　　　　(literally: Why? Andy, please speak.)
Andy　　I have to write an e-mail in Korean.
　　　　Please write the e-mail for me.
Sora　　Ok, I see. But I'm very busy now.
　　　　I will help you soon.
Andy　　Thank you.

p 127　57　**Conversation 2**
Andy　　Excuse me. Please give me some water.
Waitress　Ok.
Andy　　What tastes good at this restaurant?
Waitress　The Kimchi stew is good.
Andy　　Isn't it very spicy?
Waitress　It's not spicy. Please just try it once.
Andy　　Really? Then, please give me Kimchi stew.

p 128　58　**Conversation 3**
Irina　　Andy, by any chance have you eaten Kalbi before?
Andy　　Yes, I have. What about you, Irina?
Irina　　I haven't tried it, yet.
Andy　　Really? Then, please try it once.
Irina　　Sure, please tell me of a good restaurant, Andy.

p 131　59　**Reading and Speaking –**
　　　　I made Bulgogi after class.

Wan moved into his friend Mina's house last week. So he is living with Mina's family now. They usually all eat dinner together. Mina's mother can cook very well so they are able to eat delicious food every day. Yesterday they ate bulgogi for dinner. Wan thinks bulgogi is very delicious so he asked Mina's mother for a favour.

"Bulgogi is very delicious. How do you make it? Please teach me."

After class today Wan made Bulgogi with Mina's mother. First, they added sugar, sesame oil, green onion, and garlic to the soy sauce and mixed them all together. And then they put the beef into the soy sauce and waited for 30 minutes. After that they fried the meat. It was very delicious.

Mina's mother said,

"Wan, have you tried eating Chapchae? Next time I will teach you how to make Chapchae."

Wan was very happy because he was able to learn how to make Korean food. During his vacation, he will be able to make Korean food for his friends in Thailand.

p 135　61　**Listening and Speaking –**
　　　　Please bring me just 1 bibimbap.
Mieko　　Jihun!
Jihun　　Yes, what would you like?
Mieko　　Is there a good restaurant in this area?
Jihun　　Of course. Have you been to Seoul Restaurant, yet?
Mieko　　No, I haven't, yet. Is it a Korean restaurant?
Jihun　　Yes, it is. The Kimchi stew and bibimbap are especially delicious.
Mieko　　Really? Where is it?
Jihun　　Are you familiar with Onnuri pharmacy?
Mieko　　Yes, I am.
Jihun　　It's next to Onnuri pharmacy.
　　　　Ah! That restaurant also delivers.
Mieko　　Do you know the phone number?
　　　　Please give it to me.
Jihun　　Just a minute. It's 705-7364.
Mieko　　Thank you.
Man　　　Yes, this is Seoul Restaurant.
Mieko　　Do you deliver, now?
Man　　　Yes, we do. Where are you?
Mieko　　Samsung apartment building 2 apartment 904.
　　　　Please bring me just 1 bibimbap.
Man　　　We don't deliver just 1 bowl of bibimbap.
Mieko　　I'm going to eat alone. Please deliver it for me.
Man　　　Please order one more.
Mieko　　2 servings is a lot …

Unit 8

The speaking class was interesting.

p 142　65　**Conversation 1**
Andy　　Hello. Is this a boarding house?

165

Woman	Yes, it is.
Andy	I saw your advertisement and called. Do you have a room available, now?
Woman	Yes, I do.
Andy	Where are you located?
Woman	Directly in front of Sogang University.

p 143　66　Conversation 2

Andy	I can look at the room, right?
Woman	Of course. Come on in.
Andy	Is the room quiet?
Woman	Yes, this room is the quietest room.
Andy	Then, when can I move in?
Woman	You can move in whenever you like.

p 144　67　Conversation 3

Susan	Andy, how was this term?
Andy	It was very interesting.
Susan	What did you like the most?
Andy	The speaking class was interesting so I liked it.
Susan	Oh, really? Me, too. Then, have a good vacation, Andy.
Andy	Sure. See you next term.

p 147　68　Reading and Speaking –
Now I can speak Korean.

Three months ago I came to Korea to learn Korean. Things are more interesting now than three months ago. I will explain Korean life. Nowadays I often go to these places.
This is my school. I started studying Korean here. Our teacher is on the left side of the classroom. Kim teacher is the most beautiful and interesting teacher in our school. Hans is the funniest student among our classmates but he is often absent. ^^;; Susan is a very busy student.
Lenping comes to school the earliest and studies very hard. Now I can speak Korean with my friends so I am very happy.
This is the gym. After lunch I learn Taekwondo here. Among the different types of exercise, I like Taekwondo the most. When I do Taekwondo I feel very happy.
This is my boarding house. I have lived here for three months. My boarding house is very far so this vacation I am going to move. My new boarding house is closer to the school than this boarding house. And the room is also wider than this boarding house so it suits my taste. Boarding house life is a bit uncomfortable but I can learn about Korean culture so I like it.
This term ends next week. During vacation, I am going to move and travel. I also plan to do a lot of review. Next term I will tell you more about life here (literally: Later I will explain next term's life, too).

p 151　70　Listening and Speaking –
I'll meet you at the airport on Monday.

Andy	Hello.
Jenny	Hello, Andy?
Andy	Yes, it's me.
Jenny	Andy, I am Jenny.
Andy	Ah, Jenny! I was waiting for your call. When are you coming to Korea?
Jenny	I leave next Monday at 9:00 in the morning.
Andy	Is that 9:00 Korean time?
Jenny	No. I leave at 9:00 Sydney time. And I am going to arrive at 6:00 in the evening, Korean time.
Andy	Then, Jenny, I'll meet you at the airport on Monday. I will go there.
Jenny	Really? Thank you.
Andy	Ah, Jenny, be sure to bring warm clothing.
Jenny	Why?
Andy	Seoul is colder than Sydney.
Jenny	Yes, I see. Isn't there anything you need, Andy?
Andy	Hmm, I'm not sure. Ah! Can you buy and bring me an English book?
Jenny	An English book?
Andy	I teach English to Korean children. So I need a good English book
Jenny	Yes, I see. Isn't there anything else you need?
Andy	There's nothing. But Jenny, are you all ready?
Jenny	No. I don't have a dictionary so I am going to buy a dictionary tomorrow.
Andy	By any chance are you going to buy an electronic dictionary?
Jenny	Yes, I am.
Andy	Jenny, please buy an electronic dictionary in Korea. The price of electronic dictionaries is cheaper in Korea than in Australia.
Jenny	Really? I see. Thank you.
Andy	Then, I'll meet you at the airport, Jenny.
Jenny	Yes. See you then.

Contents of CD

TRACK	UNIT	CONTENTS	PAGE
2	1과 말하기	대화1 같이 갈 수 있어요?	22
3		대화2 날씨가 좋아요	23
4		대화3 여행 갈 거예요	24
5	읽고 말하기	보고 싶은 어머니께	27
6		Listen carefully and fill in the blanks.	28
7	듣고 말하기	(slow) 유럽에 여행 갈 거예요	31·156
8		(nomal) 유럽에 여행 갈 거예요	31·156
9		Listen carefully and fill in the blanks.	32
10		Listen carefully and repeat.	32
11	2과 말하기	대화1 맛있는 사과예요	39
12		대화2 전자 사전 좀 보여 주세요	40
13		대화3 크지 않아요	41
14	읽고 말하기	와! 아름다운 여자예요	44
15		Listen carefully and fill in the blanks.	45
16	듣고 말하기	(slow) 모자 좀 보여 주세요	49·156
17		(nomal) 모자 좀 보여 주세요	49·156
18		Listen carefully and fill in the blanks.	50
19		Listen carefully and repeat.	50
20	3과 말하기	대화1 어디 아프세요?	56
21		대화2 머리가 아파요	57
22		대화3 언제 한국에 오셨어요?	58
23	읽고 말하기	아버지는 책을 읽으세요	61
24		Listen carefully and fill in the blanks.	62
25	듣고 말하기	(slow) 지난주에 왜 학교에 안 오셨어요?	65·157
26		(nomal) 지난주에 왜 학교에 안 오셨어요?	65·157
27		Listen carefully and fill in the blanks.	66
28		Listen carefully and repeat.	66
29	4과 말하기	대화1 운동을 하거나 음악을 들어요	74
30		대화2 테니스 칠 줄 알아요	75
31		대화3 오늘도 일해야 해요	76
32	읽고 말하기	영어를 아주 잘합니다	79
33		Listen carefully and fill in the blanks.	80
34	듣고 말하기	(slow) 요즘 테니스를 배워요	83·157
35		(nomal) 요즘 테니스를 배워요	83·157
36		Listen carefully and fill in the blanks.	84
37		Listen carefully and repeat.	84
38	5과 말하기	대화1 영화 보러 갈까요?	92
39		대화1 영화 보고 저녁 먹어요	93
40		대화1 미나 씨하고 영화 보고 싶어요	94
41	읽고 말하기	친구들하고 하늘 공원에 갔습니다	97
42		Listen carefully and fill in the blanks.	98
43	듣고 말하기	(slow) 이번 휴가 때 같이 갈까요?	101·158
44		(nomal) 이번 휴가 때 같이 갈까요?	101·158
45		Listen carefully and fill in the blanks.	102
46		Listen carefully and repeat.	102
47	6과 말하기	대화1 친구를 못 만났어요	109
48		대화2 운동을 하려고 해요	110
49		대화3 시간이 없어서 못 만들었어요	111
50	읽고 말하기	저도 축구 경기를 보려고 해요	115
51		Listen carefully and fill in the blanks.	116
52	듣고 말하기	(slow) 길이 너무 막혀서 늦었어요	119·158
53		(nomal) 길이 너무 막혀서 늦었어요	119·158
54		Listen carefully and fill in the blanks.	120
55		Listen carefully and repeat.	120
56	7과 말하기	대화1 이메일을 써 주세요	126
57		대화2 김치찌개가 맛있어요	127
58		대화3 갈비 먹어 봤어요?	128
59	읽고 말하기	수업 후에 불고기를 만들었습니다	131
60		Listen carefully and fill in the blanks.	132
61	듣고 말하기	(slow) 비빔밥 하나만 갖다 주세요	135·159
62		(nomal) 비빔밥 하나만 갖다 주세요	135·159
63		Listen carefully and fill in the blanks.	136
64		Listen carefully and repeat.	136
65	8과 말하기	대화1 거기 하숙집이지요?	142
66		대화2 제일 조용한 방이에요	143
67		대화3 방학 잘 보내세요	144
68	읽고 말하기	이제 한국말로 이야기할 수 있어요	147
69		Listen carefully and fill in the blanks.	148
70	듣고 말하기	(slow) 월요일에 공항에서 만나요	151·159
71		(nomal) 월요일에 공항에서 만나요	151·159
72		Listen carefully and fill in the blanks.	152
73		Listen carefully and repeat.	152